Christian Baun

Untersuchung und Entwicklung von Cloud Computing-Diensten

Christian Baun

Untersuchung und Entwicklung von Cloud Computing-Diensten

Grundlage zur Schaffung eines Marktplatzes

Südwestdeutscher Verlag für Hochschulschriften

Impressum/Imprint (nur für Deutschland/only for Germany)
Bibliografische Information der Deutschen Nationalbibliothek: Die Deutsche Nationalbibliothek verzeichnet diese Publikation in der Deutschen Nationalbibliografie; detaillierte bibliografische Daten sind im Internet über http://dnb.d-nb.de abrufbar.
Alle in diesem Buch genannten Marken und Produktnamen unterliegen warenzeichen-, marken- oder patentrechtlichem Schutz bzw. sind Warenzeichen oder eingetragene Warenzeichen der jeweiligen Inhaber. Die Wiedergabe von Marken, Produktnamen, Gebrauchsnamen, Handelsnamen, Warenbezeichnungen u.s.w. in diesem Werk berechtigt auch ohne besondere Kennzeichnung nicht zu der Annahme, dass solche Namen im Sinne der Warenzeichen- und Markenschutzgesetzgebung als frei zu betrachten wären und daher von jedermann benutzt werden dürften.

Coverbild: www.ingimage.com

Verlag: Südwestdeutscher Verlag für Hochschulschriften GmbH & Co. KG
Heinrich-Böcking-Str. 6-8, 66121 Saarbrücken, Deutschland
Telefon +49 681 37 20 271-1, Telefax +49 681 37 20 271-0
Email: info@svh-verlag.de

Zugl.: Hamburg, Universität, Dissertation, 2011

Herstellung in Deutschland (siehe letzte Seite)
ISBN: 978-3-8381-3278-5

Imprint (only for USA, GB)
Bibliographic information published by the Deutsche Nationalbibliothek: The Deutsche Nationalbibliothek lists this publication in the Deutsche Nationalbibliografie; detailed bibliographic data are available in the Internet at http://dnb.d-nb.de.
Any brand names and product names mentioned in this book are subject to trademark, brand or patent protection and are trademarks or registered trademarks of their respective holders. The use of brand names, product names, common names, trade names, product descriptions etc. even without a particular marking in this works is in no way to be construed to mean that such names may be regarded as unrestricted in respect of trademark and brand protection legislation and could thus be used by anyone.

Cover image: www.ingimage.com

Publisher: Südwestdeutscher Verlag für Hochschulschriften GmbH & Co. KG
Heinrich-Böcking-Str. 6-8, 66121 Saarbrücken, Germany
Phone +49 681 37 20 271-1, Fax +49 681 37 20 271-0
Email: info@svh-verlag.de

Printed in the U.S.A.
Printed in the U.K. by (see last page)
ISBN: 978-3-8381-3278-5

Copyright © 2012 by the author and Südwestdeutscher Verlag für Hochschulschriften GmbH & Co. KG and licensors
All rights reserved. Saarbrücken 2012

Danksagung

Mein besonderer Dank gilt meinem Mentor Herrn Dr. habil. Marcel Kunze für die allzeit gewährte Unterstützung, Beratung und Förderung in den vergangenen Jahren.

Herrn Professor Dr. Thomas Ludwig danke ich für die Unterstützung meiner Promotion und die Hilfsbereitschaft.

Meinen Kollegen am Karlsruher Institut für Technologie, insbesondere Dr. Torsten Antoni, Marcus Hardt, Viktor Mauch, Dr. Oliver Oberst, Tobias Kurze und Dr. Ariel Garcia danke ich für die vielen Fachgespräche und Dr. Matthias Bonn für das sorgfältige und kritische Korrekturlesen.

Von ganzem Herzen danke ich meiner Frau Katrin und meinen Eltern Dr. Marianne Baun und Karl-Gustav Baun für die viele Unterstützung nicht nur während dieser Arbeit sondern während der langen Zeit meiner Ausbildung und überhaupt in allen Lebenslagen.

Mannheim, den 20. März 2011

Christian Baun

Zusammenfassung

In dieser Arbeit werden die technologischen Grundlagen eines Cloud-Marktplatzes erforscht und, wo dies notwendig und zugleich möglich ist, entwickelt. Diese Grundlagen sind Infrastrukturdienste zur Verwaltung und Bereitstellung von Rechenleistung und persistentem Speicher sowie (virtuellen) Netzwerkressourcen. Zusätzlich sind Werkzeuge nötig, die die Ressourcen in Form von Diensten unter einer einheitlichen Oberfläche nutzbar machen.

Im Rahmen der vorliegenden Dissertation werden die existierenden Cloud-Dienste untersucht. Schwerpunkte sind die Infrastruktur- und Speicherdienste der Amazon Web Services (AWS) und Google Storage sowie der Plattformdienst Google App Engine. Die zu den Schnittstellen der AWS kompatible Infrastrukturlösung Eucalyptus wird bezüglich ihrer Leistungsfähigkeit erforscht. Dabei werden typische administrative Tätigkeiten evaluiert und die Rechenleistung einer privaten Cloud auf Basis von Eucalyptus mit dem öffentlich zugänglichen Infrastrukturdienst Amazon Elastic Compute Cloud (EC2) verglichen.

Es existieren verschiedene Möglichkeiten der Datenhaltung in Clouds und verteilte Dateisysteme ermöglichen deren Optimierung. Diese werden bezüglich ihrer Eignung und Leistungsfähigkeit erforscht und das Werkzeug Diffuser zum automatisierten Aufbau virtueller Cluster mit verteilter Datenhaltung in Cloud-Infrastrukturen entwickelt. Zur Steigerung der Verfügbarkeit von Daten in objektbasierten Speicherdiensten wird Octopus, eine redundante Speicherlösung für mehrere Speicherdienste, entwickelt.

Die unterschiedlichen Netzwerkressourcen in Cloud-Infrastrukturdiensten werden untersucht und die Netzwerkleistung einer privaten Cloud mit EC2 verglichen.

Um verschiedene öffentlich zugängliche und private Infrastruktur- und Speicherdienste nahtlos zu benutzen, sind geeignete Werkzeuge nötig. Die existierenden Werkzeuge zur Interaktion mit Cloud-Diensten werden hinsichtlich ihrer systembedingten Vor- und Nachteile sowie Eckdaten untersucht, und basierend auf den gewonnenen Erkenntnissen wird ein ideales Werkzeug, der KOALA Cloud Manager, konzipiert und entwickelt. Dieses Werkzeug kann als Grundlage für die Entwicklung eines Cloud-Marktplatzportals dienen.

Abstract

This thesis evaluates and develops, where this is needed and possible, the technical principles of a cloud marketplace. These basic principles are infrastructure services for managing and provisioning computational power, persistent storage and (virtual) network resources. Furthermore tools are needed to integrate the resources in the form of services and provide the customers a uniform user interface.

The existing services are evaluated in this thesis. The main focus is on the infrastructure and storage services that are part of the Amazon Web Services (AWS), the storage service Google Storage and the platform service Google App Engine. The capability of Eucalyptus, a solution to build an infrastructure that provides the API of the AWS, is evaluated. This analysis includes the examination of characteristic administration tasks. The computational power of a private cloud with Eucalyptus is compared with the public cloud infrastructure service Amazon Elastic Compute Cloud (EC2).

Different ways to store data in clouds are evaluated. One way to optimize storage in clouds is the usage of distributed filesystems. Different distributed filesystems are studied regarding their suitability and performance. Diffuser, a tool to automatically deploy virtual clusters with distributed storage in cloud infrastructures is developed. To increase the availability of data in object-based storage services the redundant storage solution Octopus, which can work with different storage services, is developed.

The different network resources in cloud infrastructures are examined and the network performance of a private cloud is compared with EC2.

Practical tools are needed to work with different public and private cloud infrastructure and storage services in a seamless way. The existing tools for interacting with cloud services are evaluated regarding their systemic advantages and drawbacks as well as their key data. Based on these results an optimized tool, the KOALA Cloud Manager, is designed and developed. This tool can be used as the basis for the development of a cloud marketplace.

Inhaltsverzeichnis

1 Einführung und Motivation   **1**
- 1.1 Entwicklung und Etablierung des Cloud Computing 1
- 1.2 Nutzen des Cloud Computing 2
- 1.3 Fragestellungen und Herausforderungen 4
- 1.4 Eigene Lösungen und Ansätze 5
- 1.5 Kapitelübersicht 6

2 Technische Grundlagen   **9**
- 2.1 Virtualisierung 9
  - 2.1.1 Anwendungsvirtualisierung 10
  - 2.1.2 Partitionierung 10
  - 2.1.3 Vollständige Virtualisierung 10
  - 2.1.4 Paravirtualisierung 11
  - 2.1.5 Betriebssystemvirtualisierung 11
  - 2.1.6 Speichervirtualisierung 12
  - 2.1.7 Netzwerkvirtualisierung 12
- 2.2 Web-Services 13

3 Cloud Computing   **15**
- 3.1 Organisatorische Kategorisierung 16
  - 3.1.1 Öffentlich zugängliche Clouds 16
  - 3.1.2 Private Clouds 17
  - 3.1.3 Hybride Clouds 17
- 3.2 Funktionale Kategorisierung 18
  - 3.2.1 Software-Dienste 18
  - 3.2.2 Plattformdienste 18

		3.2.3	Infrastrukturdienste	19

- 3.3 Vergleich zu etablierten Konzepten 20
    - 3.3.1 Grid Computing 20
    - 3.3.2 Peer-to-Peer 21
    - 3.3.3 Hosting 21

4 Ausgewählte Cloud-Dienste 23

- 4.1 Amazon Web Services 23
    - 4.1.1 Elastic Compute Cloud 24
    - 4.1.2 Elastic Block Store 27
    - 4.1.3 Simple Storage Service 27
- 4.2 Google Storage 28
- 4.3 Google App Engine 29
- 4.4 Lösungen zum Aufbau eigener Infrastruktur- und Speicherdienste . . 30
    - 4.4.1 Eucalyptus 30
    - 4.4.2 OpenNebula 31
    - 4.4.3 Nimbus 33
    - 4.4.4 CloudStack 33
    - 4.4.5 Weitere Lösungen zum Aufbau eigener Cloud-Infrastrukturen . 34
    - 4.4.6 Reimplementierung der Google App Engine 34
- 4.5 Zwischenbetrachtung 34

5 Verwaltung der Rechenleistung 37

- 5.1 Aufbau einer privaten Cloud 37
- 5.2 Administrative Tätigkeiten 39
    - 5.2.1 Kundenkonten hinzufügen und entfernen 40
    - 5.2.2 Images erzeugen, integrieren und entfernen 40
    - 5.2.3 Knoten hinzufügen und entfernen 40
    - 5.2.4 Komponenten der Infrastruktur neu starten 40
    - 5.2.5 Migration von Instanzen zwischen Knoten 41
    - 5.2.6 Sicherung der Datenbank 42
    - 5.2.7 Aktualisierung einer Infrastruktur 42
- 5.3 Erfahrungen mit der privaten Cloud 42
    - 5.3.1 Robustheit der Infrastruktur 43
    - 5.3.2 Skalierbarkeit der Infrastruktur 43

  5.3.3 Erweiterbarkeit der Infrastruktur 44
 5.4 Evaluation der Rechenleistung 45
  5.4.1 Ergebnisse der Leistungsevaluation 47
 5.5 Fazit zur Verwaltung der Rechenleistung mit Eucalyptus 47

6 Speicherverwaltung   49
 6.1 Datenhaltung in Cloud-Infrastrukturen und Speicherdiensten 49
 6.2 Evaluation der Speichergeschwindigkeit 51
 6.3 Direkter Zugriff mehrerer Knoten auf Daten 53
 6.4 Verteilte Dateisysteme 54
  6.4.1 Untersuchte verteilte Dateisysteme 56
  6.4.2 Evaluation der Speichergeschwindigkeit 59
  6.4.3 Fazit zu verteilten Dateisystemen in Cloud-Infrastrukturen . . 69
 6.5 Automatisierte Bereitstellung virtueller Cluster mit verteilter Datenhaltung 70
  6.5.1 Designkonzept eines geeigneten Werkzeugs 70
  6.5.2 Implementierung 71
  6.5.3 Evaluation 71
 6.6 Konzeption einer redundanten Speicherlösung objektbasierte Speicherdienste 72
  6.6.1 Designkonzept einer redundanten Speicherlösung 73
  6.6.2 Herausforderungen bei der Entwicklung 73
  6.6.3 Implementierung 75
  6.6.4 Erweiterungsmöglichkeiten und Einschränkungen 76
 6.7 Fazit zur Cloud-basierten Speicherverwaltung 77

7 Netzwerkverwaltung   79
 7.1 Virtuelle Netze im Cloud Computing 79
 7.2 Elastische IP-Adressen 81
 7.3 Verteilung eingehender Anfragen mit elastischer Lastverteilung 82
 7.4 Erweiterung eigener Infrastrukturen mit Cloud-Ressourcen 82
 7.5 Evaluation des Netzwerkdurchsatzes 83
  7.5.1 Ergebnisse der Leistungsevaluation 84
 7.6 Evaluation der Paketumlaufzeit 84
  7.6.1 Ergebnisse der Leistungsevaluation im Bezug auf HPC 88

7.7	Fazit zur Netzwerkverwaltung in Clouds	88

8 Interaktion mit Cloud-Diensten und Entwicklung eines Cloud-Marktplatzportals   **91**

- 8.1 Steuerung von Cloud-Diensten 91
    - 8.1.1 Webanwendungen 92
    - 8.1.2 Firefox Browser-Erweiterungen 94
    - 8.1.3 Kommandozeilenwerkzeuge 95
    - 8.1.4 Lokale Anwendungen mit grafischer Oberfläche 96
    - 8.1.5 Bibliotheken 98
- 8.2 Konzeption eines idealen Werkzeugs 98
    - 8.2.1 Datenbankschema 100
    - 8.2.2 Plattformdienste als Basis für KOALA 101
    - 8.2.3 Arbeit mit KOALA 102
    - 8.2.4 Optimierung der Ausgabe für mobile Geräte 106
    - 8.2.5 Herausforderungen bei der Entwicklung 107
    - 8.2.6 Evaluation 109

9 Technologische Anforderungen an einen Cloud-Marktplatz   **111**

- 9.1 Leistungsaspekte der Schnittstellen 112
    - 9.1.1 Abfrage von freien Ressourcen, Dienstgüte und Preis 112
    - 9.1.2 Monitoring und Accounting 113
    - 9.1.3 Eingeschränkte Benutzerinformationen 114
- 9.2 Automatisierte Ressourcenauswahl und Marktplatzsysteme 114
    - 9.2.1 Etablierung zentraler Cloud-Komponenten 118
- 9.3 Design eines Marktplatzportals 119
    - 9.3.1 Verfügbarkeit des Marktplatzportals 120
- 9.4 Evaluierung des Marktplatz-Konzepts 121

10 Zusammenfassung und Ausblick   **123**

A Literaturverzeichnis   **127**

Abbildungsverzeichnis

5.1   Eucalyptus-Infrastruktur am SCC 39
5.2   Rechenleistung der privaten Cloud im Vergleich zu EC2 46

6.1   Sequentielle Speichergeschwindigkeit 51
6.2   Wahlfreie Speichergeschwindigkeit 53
6.3   Datendurchsatz von NFS beim sequentiellen Lesen 61
6.4   Datendurchsatz von NFS beim sequentiellen Schreiben 61
6.5   Datendurchsatz von GlusterFS beim sequentiellen Lesen mit redundanter Datenhaltung 63
6.6   Datendurchsatz von GlusterFS beim sequentiellen Schreiben mit redundanter Datenhaltung 63
6.7   Datendurchsatz von GlusterFS beim sequentiellen Lesen ohne redundante Datenhaltung 64
6.8   Datendurchsatz von GlusterFS beim sequentiellen Schreiben ohne redundante Datenhaltung 64
6.9   Datendurchsatz von Ceph beim sequentiellen Lesen 67
6.10 Datendurchsatz von Ceph beim sequentiellen Schreiben 67
6.11 Datendurchsatz von PVFS2 beim sequentiellen Lesen 68
6.12 Datendurchsatz von PVFS2 beim sequentiellen Schreiben 68
6.13 Werkzeug zur automatisierten Realisierung virtueller Cluster mit verteilter Datenhaltung 71
6.14 Objekte werden vom Client direkt zu den Speicherdiensten übertragen 74

7.1   Architektur der Amazon Virtual Private Cloud (VPC) [69] 83
7.2   Netzwerkdurchsatz innerhalb der untersuchten Regionen 85
7.3   Netzwerkdurchsatz zwischen den untersuchten Regionen 85
7.4   Paketumlaufzeit innerhalb der untersuchten Regionen 87

7.5	Paketumlaufzeit zwischen den beiden Verfügbarkeitszonen von EC2 EU West	87
7.6	Paketumlaufzeit zwischen EC2 und der privaten Cloud am SCC . . .	90
7.7	Paketumlaufzeit zwischen den Regionen von EC2	90
8.1	Steuerung von Cloud-Diensten mit KOALA	99
8.2	Steuerung einer Cloud-Infrastruktur aus einer privaten Cloud-Plattform heraus, die selbst innerhalb der zu steuernden Infrastruktur läuft.	102
8.3	Die aktive Region wechseln	103
8.4	Liste der Verfügbarkeitszonen in KOALA	103
8.5	Liste der Schlüsselpaare in KOALA	103
8.6	Liste der Images in KOALA	104
8.7	Liste der Instanzen in KOALA	104
8.8	Liste der elastischen IP-Adressen in KOALA	105
8.9	Liste der EBS-Volumen in KOALA	105
8.10	Liste der Zugangsdaten in KOALA (Mobilversion)	108
8.11	Liste der elastischen IP-Adressen in KOALA (Mobilversion)	108
8.12	Liste der Instanzen in KOALA (Mobilversion)	108
8.13	Liste der EBS-Volumen in KOALA (Mobilversion)	108
9.1	Komponenten von Tycoon [44]	117
9.2	Ein Cloud-Marktplatz integriert verschiedene Dienste	120
10.1	Viele Kunden wollen heute flexible Dienste – zu Recht!	125

Tabellenverzeichnis

2.1	HTTP-Methoden bei REST Web-Services	13
4.1	Regionen und Verfügbarkeitszonen in EC2	25
4.2	Instanztypen in EC2	26
4.3	Private Cloud-Lösungen und deren Kompatibilität zu den AWS	30
5.1	Zu sichernde Daten bei einer Aktualisierung von Eucalyptus	43
5.2	Auswahl an Bibliotheken zur Interaktion mit den AWS	45
6.1	Möglichkeiten der Datenspeicherung in den AWS	50
6.2	Auswahl verteilter Dateisysteme mit verteiltem Speicher	56
6.3	Datendurchsatz [kB/s] von NFS beim sequentiellen Lesen (Ausschnitt)	60
6.4	Datendurchsatz [kB/s] von Ceph beim sequentiellen Lesen (Ausschnitt)	65
6.5	Datendurchsatz [kB/s] von Ceph beim sequentiellen Schreiben (Ausschnitt)	66
8.1	Webanwendungen zur Steuerung von Cloud-Diensten	93
8.2	Browser-Erweiterungen zur Steuerung von Cloud-Diensten	95
8.3	Kommandozeilenwerkzeuge zur Steuerung von Cloud-Diensten	96
8.4	Lokale Anwendungen mit grafischer Oberfläche zur Steuerung von Cloud-Diensten	97
8.5	Von KOALA unterstützte Dienste	99
8.6	Spalten der Tabelle `KoalaCloudDatenbank` mit den Benutzerdaten	100
8.7	Spalten der Tabelle `KoalaCloudDatenbankSprache` mit der Sprachauswahl der Benutzer	101
8.8	Spalten der Tabelle `KoalaCloudDatenbankSprache` mit der aktiven Zone der Benutzer	101
9.1	Auswahl an Marktplatzsystemen für verteile Systeme [19] [48]	115

Kapitel 1

Einführung und Motivation

Unter Cloud Computing versteht man ein neuartiges Konzept der Informationstechnik (IT), das IT-Ressourcen virtualisiert und via Web-Services als skalierbare, abstrahierte Infrastrukturen, Plattformen und Anwendungen on-demand bei nutzungsabhängiger Abrechnung zur Verfügung stellt. Für Einrichtungen, die Cloud Computing einsetzen, bieten die Konsolidierung der Rechen- und Speicherressourcen in großen Rechen-/Ressourcenzentren und die sich daraus ergebenden finanziellen Vorteile die Möglichkeit, einen Teil der Mittel, die bisher der Aufrechterhaltung des Ressourcenbetriebs dienten, in innovative Aufgaben fließen zu lassen. Fixkosten für den Betrieb eigener IT können zum Teil in variable, verbrauchsabhängige Kosten gewandelt werden. Zusätzlich haben die Kunden von Cloud-Diensten große Freiheiten bzgl. der Auswahl von Infrastrukturen, Betriebssystemen, Programmiersprachen, Anwendungen und Netzwerkkommunikation. In diesem Sinne führt Cloud Computing nicht nur zur Industrialisierung der IT [22], sondern auch zur Emanzipierung der Kunden. Diese werden in weit geringerem Maße in ihrer Arbeit und der Auswahl der Werkzeuge und Umgebungen eingeschränkt, als das bei klassisch betriebenen Rechenzentren der Fall ist.

1.1 Entwicklung und Etablierung des Cloud Computing

Die Entwicklung des Cloud Computing verläuft seit 2006 rasant. Im März 2006 [3] startete Amazon den Speicherdienst Simple Storage Service (S3) [165], gefolgt im

August 2006 [42] von der Elastic Compute Cloud (EC2) [103], einem Infrastrukturdienst für virtuelle Server. Im April 2008 [4] startete Google den Plattformdienst App Engine [108], in der die Kunden Webanwendungen innerhalb der Google Infrastruktur betreiben können, und seit Februar 2010 [60] ist Microsoft Windows Azure [157] verfügbar.

Aus Sicht der Wirtschaftsanalysten ist Cloud Computing ein wichtiges Thema mit steigender Relevanz. Nennt Gartner [117] Cloud Computing in der Liste der zehn wichtigsten strategischen Technologien für das Jahr 2008 [55] noch gar nicht, befindet es sich in der Liste für das Jahr 2009 [56] bereits auf Platz zwei und in den Listen für 2010 [57] und 2011 [58] auf Platz eins.

Software-Dienste wie Google Mail [138], das im Jahr 2004 erschien, oder Salesforce.com [170] aus dem Jahr 1999, sind deutlich älter als der Begriff Cloud Computing selbst. Die Möglichkeit, Software über einen Browser zu nutzen, ist bei Kunden und Anbietern allgemein akzeptiert und hat sich insbesondere auch im mobilen Umfeld etabliert. Der Betrieb eines eigenen Email-Servers beispielsweise ist heute nur noch in den wenigsten Fällen nötig. Wird auf eigene, physische Infrastrukturen bestanden, hat dieses in vielen Fällen politische oder kulturelle Gründe. In einer Cloud-Infrastruktur ist es möglich, komplette Rechenzentren inklusive Server, persistentem Speicher, Netzwerkinfrastruktur, IP-Adressen und Lastverteilung virtuell zu realisieren, was je nach Anwendungsprofil ein enormes Einsparpotential bietet,

1.2 Nutzen des Cloud Computing

Systembedingte Vorteile, die Akzeptanz öffentlich zugänglicher Angebote (sogenannter Public Clouds) am Markt und die positive Berichterstattung in der Fachliteratur führen auch zu einem verstärkten Einsatz von Cloud Computing in Wissenschaft und Forschung. Als Beispiel sei hier das CERN [86] genannt, das einen virtuellen Cluster[1] auf Basis der Infrastrukturlösung OpenNebula [149] entwickelt hat. Dieser besteht aus bis zu 16.000 virtuellen Maschinen und ist für bis zu 400.000 simultane Rechenjobs ausgelegt [45] [62].

---

[1]Ein Cluster ist ein Verbund von vernetzten Computern, den sogenannten Knoten, mit dem Ziel eine höhere Rechenkapazität, höheren Datendurchsatz oder bessere Verfügbarkeit zu erreichen, als das mit einem einzelnen Computer möglich wäre.

Typische Beispiele für Projekte, die mit Hilfe von Cloud-Diensten einen erfolgreichen Abschluss erreichten, sind Szenarien in denen erfolgreich auf kurzfristige Lastspitzen reagiert oder für eine einzelne Aufgabe große Ressourcenmengen mobilisiert wurden, ohne dafür eigene Hardware zu beschaffen. Stellvertretend werden hier die zwei Beispiele von Animoto [76] und der New York Times [194] beschrieben.

Das Unternehmen Animoto betreibt einen Internetdienst, über den die Kunden Videos aus eigenen Bildern und Musik erstellen können. Der Dienst analysiert Bilder und Musik und generiert automatisch Videos im Stil eines Musikvideos. Videos können die Kunden direkt in YouTube einstellen oder in diversen Formaten speichern. Die Benutzerzahlen von Animoto lagen in den Jahren 2000 bis 2008 konstant in einem niedrigen Bereich. Im Frühjahr 2008 berechneten üblicherweise um die 5.000 neue Benutzer pro Tag ein Video. Im April 2008 wurde der Dienst im sozialen Netzwerk Facebook [111] erwähnt, was zu 750.000 neuen Kunden in 3 Tagen führte, und bis zu 25.000 Kunden wollten innerhalb einer einzigen Stunde ein neues Video erstellen [29]. Das Phänomen des rasanten Anstiegs der Benutzerzahlen und Zugriffe innerhalb sehr kurzer Zeit nach einer Berichterstattung wird als Slashdot-Effekt [181] bezeichnet [64]. Häufig führt der Slashdot-Effekt zu Ausfällen der Server und damit zu einem Verlust von Kunden und Umsatz. Durch flexible Dienste war im Beispiel von Animoto eine automatische Anpassung der Serverinstanzen zum Berechnen der Videos von 2 auf bis zu 450 möglich.

Der Slashdot-Effekt ist besonders für junge Unternehmen, die Internetdienste mit eigenen Ressourcen anbieten, problematisch. Eine lineare und damit vorhersagbare Steigerung der Benutzer- und Zugriffszahlen ist unrealistisch. Daher müssen immer frühzeitig und ausreichend viele IT-Ressourcen beschafft und betrieben werden, um auch außergewöhnliche Lastspitzen bedienen zu können. Der Betrieb von mehr IT-Ressourcen als eigentlich nötig wären, führt zu finanziellen Verlusten. Cloud Computing-Dienste bieten die Flexibilität, um auf veränderte Benutzer- und Zugriffszahlen rasch zu reagieren und diese erfolgreich zu bewältigen, ohne selbst unnötig viele IT-Ressourcen betreiben zu müssen.

Entwickler der New York Times suchten 2007 nach einer Lösung, die Artikel der Jahre 1851 bis 1980 ins Dateiformat PDF zu konvertieren. Die Artikel lagen in Form von 11 Millionen eingescannten Bildern (insgesamt 4 TB Daten) vor. Jeder Artikel musste aus verschiedenen Bilddateien zusammengesetzt und skaliert werden. Die Anschaffung eigener Serverhardware für diese einmalige Aufgabe wurde als nicht wirtschaftlich angesehen. Mit Hilfe von 100 Instanzen in einer Cloud-Infrastruktur konnten die Artikel innerhalb von ca. 24 Stunden in 1,5 TB PDF-Dateien konvertiert werden [32] [33].

1.3 Fragestellungen und Herausforderungen

In den vergangenen Jahren ist die Zahl öffentlich verfügbarer Cloud-Angebote und Lösungen zum Betrieb eigener Cloud-Dienste, sogenannter Private Clouds, kontinuierlich gestiegen. Dabei handelt es sich in der Regel um in sich abgeschlossene Dienstlandschaften, die keine oder nur wenig Interaktion mit anderen Diensten ähnlicher oder gleicher Funktionalität bieten. Es handelt sich im Prinzip um sogenannte Insellösungen. Eine Ausnahme sind die Amazon Web Services (AWS) [78], eine Sammlung von Diensten, zu denen unter anderem der Infrastrukturdienst Elastic Compute Cloud (EC2) und der Speicherdienst Simple Storage Service (S3) gehören. Deren Schnittstellen und Funktionalität sind gut dokumentiert [162] [163] und am Markt der Cloud-Dienste etabliert. Weitere Vorteile sind die Existenz einer großen Zahl existierender Werkzeuge und Bibliotheken und von privaten Lösungen, die die Schnittstellen der populärsten Dienste innerhalb der AWS anbieten.

Die Möglichkeit, die öffentlich zugänglichen Dienste unterschiedlicher Anbieter und verschiedene Lösungen zum Aufbau eigener Dienste in Form eines Marktplatzes nahtlos zu bündeln, existiert trotz der AWS und kompatibler Lösungen bislang nicht. Die für die Realisierung eines Marktplatzes nötigen Komponenten zur Verwaltung von Rechenleistung und Speicher und die Werkzeuge zur Integration und Steuerung dieser Dienste sind bislang lediglich in Ansätzen vorhanden.

Etablierte öffentlich Infrastrukturangebote bieten eine gute Verfügbarkeit zu geringen Preisen und erlauben es den Kunden, sich ganz auf ihre Anwendungen zu konzentrieren. Da kommerzielle Dienste aber zumeist proprietärer Natur sind, sind nicht alle Aspekte der zugrunde liegenden Hardware- und Software-Architektur einseh- und beeinflussbar. Ein Hinderungsgrund für den Einsatz einer derartigen Infrastruktur können Aspekte der Datensicherheit und des Datenschutzes sein.

Private Clouds können hier Abhilfe schaffen, allerdings genügen Funktionsumfang und Verfügbarkeit der etablierten Lösungen nicht immer den Kundenanforderungen. Besonders die Messung des Ressourcenverbrauchs (Accounting) und die Abrechnung der Cloud-Dienste (Billing) ist in privaten Clouds gar nicht oder nur ansatzweise realisiert.

Die Datenhaltung in Cloud-Systemen und mögliche Effizienzsteigerungen mit verteilten Dateisystemen sind bislang ebenso wenig erforscht wie redundante Datenhaltung. Es existieren etablierte, verteilte Dateisysteme, die nicht nur einen höheren Durchsatz bieten, sondern auch redundante Datenhaltung. Im Bereich der zu S3 kompatiblen Speicherdienste ist die anbieterübergreifende redundante Datenhaltung bislang unerforscht.

Die existierenden Werkzeuge zur Steuerung von Cloud-Diensten können in wenige Kategorien unterteilt werden und haben verschiedene, zum Teil systembedingte Vor- und Nachteile. Einige sind keine freie Software und können oftmals nur mit den Diensten ihres Anbieters zusammenarbeiten. Nur wenige sind geeignet, öffentlich zugängliche und private Dienste gleichermaßen zu steuern. Die etablierten Werkzeuge eignen sich nicht zum Aufbau und Betrieb eines offenen Cloud-Marktplatzes.

1.4 Eigene Lösungen und Ansätze

Diese Dissertation behandelt die technischen Aspekte des Cloud Computing, die die Grundlagen zur Konzeption eines Cloud-Marktplatzes bilden. Die dafür nötigen Komponenten werden identifiziert, erforscht und teilweise entwickelt. Bei den Komponenten handelt es sich um:

- Infrastrukturdienste zur Verwaltung der Rechenleistung
- Dienste und Lösungen für Speicherverwaltung und Datenhaltung
- Möglichkeiten der Netzwerkvirtualisierung
- Werkzeuge zur Interaktion mit verschiedenen Diensten

Der Aufbau einer privaten Cloud-Infrastruktur wird demonstriert, deren Leistungsfähigkeit evaluiert, Verbesserungspotential diskutiert und sinnvolle Erweiterungen untersucht.

Nach einer Analyse der Datenhaltung in Infrastruktur- und Speicherdiensten und einer Evaluation der Leistungsaspekte wird eine redundante Speicherlösung konzipiert und implementiert. Durch die Möglichkeit mit Hilfe mehrerer objektbasierter

Speicherdienste die Benutzerdaten redundant zu speichern, wird eine höhere Verfügbarkeit, als dies ein einzelner Speicherdienst könnte, garantiert.

Verteilte Dateisysteme können den Datendurchsatz und die Verfügbarkeit in Cloud-Infrastrukturen verbessern. Hierfür werden etablierte verteilte Dateisysteme identifiziert und hinsichtlich ihrer Eignung in Cloud-Infrastrukturen untersucht. Da der Aufbau eines Systems mit verteilter Datenhaltung aus zahlreichen Einzelschritten besteht, wird ein Werkzeug zur automatisierten Bereitstellung entwickelt und implementiert.

Nach einer Analyse der existierenden Werkzeuge zur Steuerung von Infrastruktur- und Speicherdiensten wird ein Werkzeug zur Interaktion mit verschiedenen Diensten konzipiert und als Webanwendung realisiert. Es ist das Werkzeug, das die meisten unterschiedlichen Cloud-Dienste unterstützt. Zusätzlich bietet es im Gegensatz zu den etablierten Kommandozeilenwerkzeugen eine hohe Benutzbarkeit und im Gegensatz zu den etablierten Browser-Erweiterungen zur Steuerung von Cloud-Diensten flexible Einsatzmöglichkeiten ohne die Notwendigkeit, das Werkzeug lokal zu installieren.

1.5 Kapitelübersicht

Die technischen Grundlagen des Cloud Computing sind die Virtualisierung physischer Ressourcen und Web-Services mit SOAP und REST. Eine Beschreibung dieser Technologien erfolgt in Kapitel 2.

In Kapitel 3 wird Cloud Computing anhand der Organisation und Funktionalität der Cloud-Systeme und angebotenen Dienste definiert und gegen die etablierten Technologien Grid Computing, Peer-to-Peer und dedizierte Server abgegrenzt.

Kapitel 4 stellt die öffentlich zugänglichen Cloud-Dienste und Lösungen zum Aufbau und Betrieb eigener Infrastruktur- und Plattformdienste vor, deren Verständnis für diese Arbeit relevant sind.

Eine Lösung zum Aufbau einer eigenen Cloud-Infrastruktur wird in Kapitel 5 beschrieben und bezüglich ihrer Rechenleistung und typischer administrativer Tätigkeiten evaluiert.

Kapitel 6 enthält eine Analyse der Möglichkeiten zur Datenhaltung in Infrastruktur- und Speicherdiensten und deren Leistungsaspekte. Eine redundante Speicherlösung für objektbasierte Speicherdienste wird konzipiert und implementiert. Etablierte verteilte Dateisysteme werden im Bezug auf ihre Eignung in Cloud-Infrastrukturen untersucht und es wird ein Werkzeug zum automatischen Start von Clustern mit gemeinsamer, verteilter Datenhaltung vorgestellt.

Die Netzwerkverwaltung, dazu gehört die Bereitstellung von (in der Regel virtuellen) Netzwerken, ist das Thema von Kapitel 7. Elastische IP-Adressen sind in Cloud-Infrastrukturen nötig, um feste Zugriffspunkte für die Serverinstanzen zu realisieren. Der Netzwerkdurchsatz in einer privaten Cloud-Infrastruktur und die besonders für das Hochleistungsrechnen wichtige Paketumlaufzeit werden untersucht und mit den Leistungswerten einer öffentlich zugänglichen Infrastruktur verglichen. Zur Verteilung eingehender Anfragen und Daten existieren elastische Lastverteiler, und die Erweiterung der eigenen, lokalen IT-Infrastruktur ist mit Hilfe von VPN-Verbindungen als Dienst verfügbar.

Ein Vergleich der existierenden Werkzeuge zur Steuerung von Cloud-Diensten findet in Kapitel 8 statt. Ein Werkzeug zur nahtlosen Integration und Steuerung verschiedener Cloud-Dienste wird konzipiert, entwickelt und implementiert.

Ein Konzept zum Aufbau und Betrieb eines Cloud-Marktplatzes wird in Kapitel 9 entwickelt und die nötigen Komponenten werden identifiziert.

Kapitel 10 schließt diese Arbeit mit einer Zusammenfassung, sowie einer Evaluation der erreichten Ziele, entwickelten Komponenten und gewonnen Erkenntnisse und einem Ausblick auf zukünftige Arbeiten ab.

Kapitel 2

Technische Grundlagen

Das Fundament des Cloud Computing sind Virtualisierung zur gemeinsamen und effizienten Ressourcennutzung und Web-Services zur Kommunikation zwischen Kunden und Diensten sowie zwischen den Cloud-Diensten selbst. Dieses Kapitel enthält die für Cloud Computing relevanten technischen Grundlagen.

2.1 Virtualisierung

Die Virtualisierung von Ressourcen bildet die Grundlage von Cloud-Infrastrukturen und -Plattformen. Das Virtualisierungskonzept erlaubt eine abstrakte, logische Sicht auf physische Ressourcen und umfasst insbesondere Server, alle Arten von Speicher, Netzwerke und deren Komponenten sowie Software. Physische Ressourcen werden durch Virtualisierung in Pools zusammengefasst und gemeinsam verwaltet [25]. Aus den Pools können nach Bedarf einzelne Ressourcen-Anforderungen dynamisch befriedigt werden. Es ist z.B. möglich, eine bestimmte Plattform in Form einer virtuellen Maschine für eine spezifische Anwendung dynamisch und passgenau in dem Augenblick zu generieren, in dem sie gebraucht wird.

Eine virtuelle Maschine ist ein nachgebildeter, vollwertiger Rechner, der in einer abgeschotteten Umgebung auf einer realen Maschine derselben Architektur[1] läuft und über eigene virtuelle Komponenten (u.a. Prozessor, Speicher, Grafikkarte, Netzwerk-

---

[1] Virtualisierung ist nicht gleichzusetzen mit Emulation, die die komplette Hardware eines Rechnersystems nachbildet, um ein unverändertes Betriebssystem, das für eine andere Hardwarearchitektur ausgelegt ist, zu betreiben.

karten) verfügt [14]. Die unterschiedlichen Konzepte und deren Einsatzmöglichkeiten für das Cloud Computing werden im Folgenden beschrieben.

2.1.1 Anwendungsvirtualisierung

Bei der Anwendungsvirtualisierung werden Anwendungen lokal in einer virtuellen Umgebung ausgeführt, die alle von der Anwendung benötigten Komponenten bereitstellt. Die virtuelle Maschine befindet sich zwischen der auszuführenden Anwendung und dem Betriebssystem bzw. Hypervisor. Beispiele für Anwendungsvirtualisierung sind die Java Virtual Machine (JVM) und VMware ThinApp [193]. Beim Cloud Computing kommt Anwendungsvirtualisierung in der Java Virtual Machine bei Cloud-Plattformen wie der Google App Engine zum Einsatz.

2.1.2 Partitionierung

Bei der Partitionierung werden auf den Gesamtressourcen eines Computersystems Teilsysteme definiert. Jedes Teilsystem kann wie ein eigenständiges Computersystem verwendet werden und enthält eine eigene lauffähige Betriebssysteminstanz. Die Verwaltung der Ressourcen und die Zuteilung zu den virtuellen Maschinen ist Aufgabe der Firmware des Rechners. Partitionierung wird primär in Großrechnern der IBM zSerie oder Systemen der IBM pSerie eingesetzt, die wegen der hohen Anschaffungskosten im Cloud Computing nur in bestimmten Bereichen wie dem Cloud Gaming eine Rolle spielen.

2.1.3 Vollständige Virtualisierung

Bei vollständiger Virtualisierung steht jedem Gastsystem ein eigener virtueller Rechner mit virtuellen Ressourcen wie Prozessor, Hauptspeicher, Laufwerke, Netzwerkkarten und eigenem BIOS zur Verfügung. Ein Virtueller Maschinen-Monitor (VMM), der die Hardwareressourcen an die virtuellen Maschinen verteilt, kommt zum Einsatz. Beispiele für vollständige Virtualisierungslösungen sind VMware Server [203], Microsoft Windows Virtual PC [153], Parallels Workstation [151] und VirtualBox [202]. Vollständige Virtualisierungslösungen spielen im Dienstangebot von Cloud-Anbietern zurzeit keine Rolle.

2.1.4 Paravirtualisierung

Bei der Paravirtualisierung wird keine Hardware virtualisiert oder emuliert. Den virtuellen Gastsystemen wird eine abstrakte Verwaltungsschicht, der Hypervisor, zur Verfügung gestellt, über den sie auf die physischen Ressourcen zuzugreifen können. Xen-basierte Lösungen [206] [8], die u.a. bei der Realisierung der Amazon Web Services [78] eine Rolle spielen, arbeiten nach dem Prinzip der Paravirtualisierung. Viele private Cloud-Lösungen können Xen als Virtualisierungslösung verwenden.

Sollen unmodifizierte Betriebssysteme (z.b. Microsoft Windows) mit Xen oder VMware ESX Server paravirtualisiert laufen, müssen im Prozessor selbst die Virtualisierungsfunktionen implementiert sein. Alle aktuellen, für den Serverbereich konzipierten Prozessoren von Intel und AMD ermöglichen Hardwarevirtualisierung. Xen unterstützt ab Version 3 Hardware-Virtualisierung, was auch den Betrieb mehrerer unabhängiger und unmodifizierter Instanzen von Microsoft Windows ermöglicht. Moderne Betriebssysteme wie Windows Server 2008 nutzen mit Hyper-V die Hardwarevirtualisierung von Haus aus. Aktuelle Linux-Distributionen nutzen die Kernel-based Virtual Machine (KVM) [201] [40] als Virtualisierungslösung, die ausschließlich Hardwarevirtualisierung bietet. KVM kann von einigen privaten Cloud-Lösungen als Virtualisierungslösung verwendet werden.

2.1.5 Betriebssystemvirtualisierung

Bei der Betriebssystemvirtualisierung, die Oracle als Container und BSD-Unix als Jails bezeichnet, laufen unter einem Betriebssystemkern mehrere voneinander abgeschottete, identische Laufzeitumgebungen. Speziell Internet Service Provider (ISPs), die als Hosting-Dienste virtuelle dedizierte Server anbieten, nutzen Betriebssystemvirtualisierung. Bekannte Lösungen sind die Containertechnologie von Oracle Solaris [182], OpenVZ [150] für Linux, Linux-VServer [135], FreeBSD Jails [115] und Virtuozzo [92].

Da bei der Betriebssystemvirtualisierung keine virtuellen Maschinen mit eigenen Betriebssystemen laufen, sondern nur abgeschottete Bereiche im laufenden Betriebssystem existieren, kommt es nur zu einem geringen Hauptspeicherbedarf. Schließlich müssen sich nicht mehrere laufende Betriebssysteme eine physische Hardwareplattform teilen, sondern es läuft nur ein einziges Betriebssystem. Betriebssystemvirtualisierung kann in Cloud-Umgebungen helfen, die Hardware effizienter auszunutzen.

Allerdings müssen die in der Cloud angebotenen Betriebssysteme auch Betriebssystemvirtualisierung unterstützen und für jedes angebotene Betriebssystem ist dedizierte physische Hardware notwendig.

2.1.6 Speichervirtualisierung

Speichervirtualisierung stellt den Kunden Datenspeicher in Form virtueller Laufwerke zur Verfügung, wobei der logische vom physischen Speicher getrennt wird. Die Kunden sind nicht an die physischen Grenzen realer Speichermedien gebunden. Das Umstrukturieren und Erweitern des physischen Speicherangebots sowie Datensicherung und redundante Speicherung erfolgen transparent im Hintergrund. Da der physische Speicher effizienter auf die vorhandenen Kunden aufgeteilt wird, verbessert sich der Auslastungsgrad. EMC Invista [129] und HP StorageWorks [184] sind Beispiele für Lösungen zur Speichervirtualisierung. In großen Rechenzentren, die für das Cloud Computing typisch sind, ermöglicht Speichervirtualisierung, den Speicher zu konsolidieren und besser auszunutzen.

2.1.7 Netzwerkvirtualisierung

Netzwerkvirtualisierung wird durch virtuelle Netze, sogenannte Virtual Local Area Networks (VLAN), realisiert. Diese ermöglichen das Zusammenfassen verteilt aufgestellter Geräte in einem einzigen logischen Netzwerk und somit in einer IT-Infrastruktur. Ein VLAN trennt physische Netze in logische Teilnetze, da die Datenpakete eines VLANs nicht in einem anderen VLAN sichtbar sind, obwohl die Teilnetze an gemeinsamen Switches angeschlossen sein können und gemeinsame Kabel verwenden. Ein VLAN bildet ein nach außen isoliertes Netzwerk über bestehende Netze. Zusammengehörende Systeme und Dienste können mit VLANs in einem eigenen Netz konsolidiert werden, um die übrigen Netze nicht zu beeinflussen. Nachteilig ist der steigende Aufwand für die Netzwerkadministration, da mehr Netze zu verwalten sind. Mit Netzwerkvirtualisierung können in einer Cloud-Infrastruktur kundenspezifische virtuelle Netzwerk-Infrastrukturen aufgebaut werden.

2.2 Web-Services

In verteilten Systemen sind zumeist heterogene Ressourcen integriert, die je nach System weltweit verteilt sein können. Verbindungen über weite Strecken haben im Vergleich zu lokalen Netzwerken prinzipielle Nachteile wie lange Antwortzeiten, geringe Datenübertragungskapazitäten und potentiell unzuverlässige Verbindungen. In solchen Umgebungen bewährt sich die schwach gekoppelte und nachrichtenbasierte Kommunikation über Web-Services [15]. Die häufigsten Anwendungsfälle für Web-Services sind SOAP[2] und des sogenannte Representational State Transfer (REST), bei dem eine Zustandsrepräsentationsübertragung stattfindet.

Web-Services nach dem Schema REST werden nicht über das XML-basierte Protokoll SOAP, sondern grundsätzlich über HTTP-Methoden angesprochen. Die vier Methoden PUT, GET, POST und DELETE (siehe Tabelle 2.1) genügen[3], um sämtliche Funktionen auf Objekten auszulösen [28]. Die Methoden erinnern an die aus dem Datenbanken-Umfeld bekannten CRUD-Aktionen[4].

Tabelle 2.1: HTTP-Methoden bei REST Web-Services

HTTP	CRUD	SQL	Beschreibung
PUT	Create	INSERT	Eine neue Ressource erzeugen oder den Inhalt einer bestehenden Ressource ersetzen
GET	Read (Retrieve)	SELECT	Eine Ressource bzw. deren Repräsentation anfordern
POST	Update	UPDATE	Einer Ressource etwas hinzufügen
DELETE	Delete (Destroy)	DELETE	Eine Ressource löschen

---

[2]SOAP ist seit Version 1.2 eine eigenständige Bezeichnung und nicht länger ein Akronym für *Simple Object Access Protocol* da es (subjektiv) nicht einfach (*Simple*) ist und nicht ausschließlich dem Zugriff auf Objekte (*Object Access*) dient.

[3]Zusätzlich zu den vier HTTP-Methoden in Tabelle 2.1 existiert u.a. die Methode HEAD. Diese fordert vom Server nur den Header einer Ressource (Datei) an. So kann sich der Benutzer des Web-Service über die Metadaten informieren, ohne die eigentliche Ressource zu übertragen. Es wird der gleiche Header zurückgeliefert wie bei GET.

[4]CRUD steht für die grundlegenden Operationen Create (Datensatz anlegen), Read oder Retrieve (Datensatz lesen), Update (Datensatz aktualisieren) und Delete oder Destroy (Datensatz löschen) auf dauerhaftem (persistentem) Speicher. Zum Vergleich befinden sich in Tabelle 2.1 auch die passenden SQL-Anweisungen.

Kapitel 3

Cloud Computing

Eine standardisierte, einheitliche Definition für Cloud Computing existiert nicht. Die grundlegenden Konzepte und generellen Ziele des Cloud Computing sind aber unbestritten. In [15] wird das Cloud Computing wie folgt definiert:

> „Unter Ausnutzung virtualisierter Rechen- und Speicherressourcen und moderner Web-Technologien stellt Cloud Computing skalierbare, netzwerk-zentrierte, abstrahierte IT-Infrastrukturen, Plattformen und Anwendungen als on-demand Dienste zur Verfügung. Die Abrechnung dieser Dienste erfolgt nutzungsabhängig."

Der Kern des Cloud Computing liegt in der Konzentration von Hard- und Software in großen Rechenzentren [20], die in diesem Kontext auch als Ressourcenzentren bezeichnet werden. Diese Ressourcen werden von Anbietern virtuell über das Internet in Form vollautomatisch skalierbarer Web-Services angeboten. Diese Industrialisierung der Informationstechnik [22] ermöglicht es, aus Kundensicht auf praktisch unbegrenzt verfügbare Ressourcen zugreifen zu können.

Aus organisatorischer sowie aus funktionaler Sicht existieren unterschiedliche Arten von Cloud-Systemen. Der Bogen reicht von einfacher Anwendungssoftware über Laufzeit- und Entwicklungsumgebungen bis zu kompletten Infrastrukturen mit dem Potential, ein komplettes Rechenzentrum virtuell zu realisieren. Cloud-Dienste werden typischerweise durch externe Anbieter bereitgestellt oder von der Organisation der Kunden selbst betrieben. Die gemischte Nutzung eigener und extern betriebener Cloud-Dienste innerhalb einer Infrastruktur ist ebenfalls möglich.

Bei allen Cloud-Systemen nutzen die Kunden die Cloud-Dienste passend nach ihrem aktuellen Bedarf. Da aus Kundensicht keine eigene Server-Hardware mehr nötig ist, kann ein Kostenvorteil entstehen [2]. Ein weiterer Vorteil ist, dass schnell zusätzliche Ressourcen verfügbar sind und in die eigene, virtuelle Infrastruktur eingebunden werden können. Wegen dieser Möglichkeit, die Leistungsfähigkeit der eigenen Infrastruktur innerhalb kurzer Zeit den Anforderungen anzupassen, wird Cloud Computing auch als *elastisch* bezeichnet.

Die existierenden Cloud Infrastrukturen unterscheiden sich in ihrer Zielsetzung, Architektur und den Diensten, die sie anbieten. Eine sinnvolle Unterscheidung erfolgt anhand der Organisationsform und der Funktionalität der angebotenen Dienste.

3.1 Organisatorische Kategorisierung

Drei Organisationsformen von Cloud-Systemen werden unterschieden: Öffentliche Cloud, private Cloud und hybride Cloud.

3.1.1 Öffentlich zugängliche Clouds

Bei öffentlich zugänglichen Clouds gehören Anbieter und Kunden unterschiedlichen Organisationen an. Die Anbieter verfolgen immer kommerzielle Geschäftsinteressen. Die Kunden der Dienste bekommen nur die genutzten Ressourcen in Rechnung gestellt. Bei wenigen Angeboten, wie der Google App Engine (siehe Abschnitt 4.3), ist die Nutzung der Dienste in einem gewissen Umfang kostenfrei. Mit Ausnahme der für jegliche Arbeit nötigen Clients, fallen für die Kunden von öffentlichen Cloud-Diensten keine Kosten für Anschaffung, Betrieb und Wartung eigener Hardware an.

Ein Risiko ist die Gefahr des sogenannten Lock-in. Hierbei kommt es zu einer Abhängigkeit zwischen Dienstnutzer und -anbieter, bei der der Kunde nicht oder nur um den Preis des Verlusts seiner Infrastruktur und eventuell sogar seiner Daten zu einem anderen Anbieter wechseln kann. Denkbare Szenarien sind Preiserhöhungen oder eine Insolvenz des Anbieters. Die Gefahr des Lock-in ist immer dann gegeben, wenn die eingesetzten Dienste nicht kompatibel zu anderen Anbietern sind und es keine Möglichkeit zum Daten-Export (bei gleichzeitigem Fehlen eines lokalen Datenabbilds) gibt.

Weitere Gründe, die dem Einsatz von öffentlich zugänglichen Cloud-Diensten im Weg stehen können, sind der Datenschutz beim Verarbeiten personenbezogener Daten (denkbar u.a. im medizinischen Bereich) und generelle Sicherheitsbedenken bei wertvollen Daten im industriellen und forschungsbezogenen Umfeld.

3.1.2 Private Clouds

Bei privaten Clouds gehören Anbieter und Kunden der gleichen Organisation an. Die Gefahr des Lock-in oder Bedenken hinsichtlich Datensicherheit und Datenschutz bestehen bei privaten Cloud-Systemen nicht. Nachteilig ist, dass dabei ähnlich hohe Kosten für eigene Hardware, Stellplatz und Energie anfallen wie bei nicht-Cloudbasierten Architekturen. Durch die Standardisierung und Virtualisierung fallen jedoch geringere Kosten für die Administration der physischen Ressourcen an.

Die Dienste der privaten Cloud sind im Idealfall kompatibel zu den Schnittstellen von öffentlich zugänglichen Cloud-Diensten etablierter Serviceanbieter. Somit kann der Kunde in einem veränderten Umfeld den Aufbau einer privaten Cloud in Betracht ziehen und die nötigen Dienste in Zukunft selbst erbringen.

3.1.3 Hybride Clouds

In einer hybriden Cloud werden sowohl Dienste aus öffentlich zugänglichen Clouds als auch von privaten Clouds verwendet. Ein solches Szenario ist z.B. geeignet, Lastspitzen mit Ressourcen in öffentlichen Clouds abzudecken. Ebenso ist es möglich, eine Sicherheitskopie der Daten außerhalb der eigenen Organisationsgrenzen in einer öffentlich zugänglichen Cloud zu sichern. Ein wichtiger Punkt in diesem Zusammenhang ist die Notfallwiederherstellung, das sogenannte Disaster Recovery. Ausgefallene Dienste der privaten Cloud können (im Idealfall vollautomatisch) durch Dienste aus einer oder mehreren öffentlichen Clouds ersetzt werden.

Problematisch ist bei hybriden Clouds nicht die gleichzeitige Verwendung von Diensten unterschiedlicher Anbieter, sondern das Fehlen geeigneter Management-Werkzeuge zur Kopplung und Administration der Dienste.

3.2 Funktionale Kategorisierung

Erfolgt die Kategorisierung von Cloud-Systemen anhand der Funktionalität der Dienste ist auch von Everything as a Service (XaaS) die Rede. Dieser Begriff ist stellvertretend für den Ansatz, alle Arten von Ressourcen als Dienst (Service) zur Verfügung zu stellen und zu konsumieren. Die wichtigsten Kategorien sind Software-Dienste (Software as a Service – SaaS), Plattformdienste (Platform as a Service – PaaS) und Infrastrukturdienste (Infrastructure as a Service – IaaS).

3.2.1 Software-Dienste

Bei einem Software-Dienst betreibt ein Dienstleister eine Anwendung und stellt diese als Dienst zur Verfügung. Die Kunden benötigen ausschließlich einen Browser, um die Anwendungen zu verwenden. Eine lokale Installation der Software ist nicht vorgesehen. Für die Kunden ist von Vorteil, dass sie sich nicht um Installation, Administration, Updates, etc. kümmern müssen. Der Anbieter stellt nicht nur die Anwendung auf seinen Ressourcen bereit, sondern speichert auch die Daten der Kunden. Aus diesem Grund fallen Aspekte wie Hochverfügbarkeit, Skalierbarkeit und Datensicherheit in den Verantwortungsbereich des Anbieters und laufen für die Kunden transparent ab. Diese Gegebenheiten machen es nötig, dass der Kunde dem Anbieter im Bezug auf die Verfügbarkeit der Dienste sowie den vertraulichen Umgang mit den eigenen Daten vertraut.

Beispiele für öffentliche Software-Dienste sind die Office-Lösungen Google Docs [100] und Microsoft Office Live [136]. Beispiele für private Software-Dienste sind die Groupware-Lösungen Sugar [186] und Zimbra [208].

3.2.2 Plattformdienste

Ein Plattformdienst ist eine skalierbare Laufzeitumgebung für den Betrieb eigener Software. Für die Kunden fällt kein Administrationsaufwand an. Die Pflege der zugrunde liegenden Betriebssysteme sowie Installation und Pflege der Systemsoftware ist Aufgabe des Anbieters. Dafür sind die Kunden an die vom Anbieter vorgegebenen Programmiersprachen, Compilerversionen und architektonische Rahmenbedingungen, wie z.B. die Einschränkung auf Webanwendungen, gebunden.

Beispiele für öffentliche Plattformdienste sind die Google App Engine [108] (siehe Abschnitt 4.3) und die Windows Azure Platform [157]. Die beiden privaten Plattformdienste AppScale [77] [24] und typhoonAE [198] (siehe Abschnitt 4.4.6 und 4.4.6) ermöglichen den Aufbau eigener Plattformdienste, die zur App Engine kompatibel sind.

3.2.3 Infrastrukturdienste

Mit Infrastrukturdiensten können die Kunden virtuelle Serverinstanzen mit (fast) beliebigen Betriebssystemen und unveränderten Anwendungen auf den Serverfarmen des Anbieters betreiben und komplette Rechenzentren virtuell realisieren. Die Installation und Administration eigener Betriebssysteme und Anwendungen ist die alleinige Aufgabe der Kunden. Die Kunden behalten innerhalb ihrer Instanzen Administratorenrechte und können das Firewall-Regelwerk selbst definieren. Damit die Kunden virtuelle Maschinen passend zu ihren Anforderungen erzeugen können, existieren bei allen IaaS mehrere Instanztypen. Diese unterscheiden sich hinsichtlich ihrer Leistungsfähigkeit und, im Fall öffentlich zugänglicher Infrastrukturdienste, im Preis pro Stunde.

Beispiele für öffentliche Infrastrukturdienste sind EC2 [103], GoGrid [121], FlexiScale [113], Rackspace Cloud [87] und Zimory Public Cloud [88]. Lösungen zum Betrieb privater Infrastrukturdienste sind u.a. Eucalyptus [110], OpenNebula [149], Nimbus [145], CloudStack [89] und Tashi [191].

Eine Untergruppe von Infrastrukturdiensten ist das High Performance Computing as a Service (HPCaaS). Bei HPCaaS wird versucht, Hochleistungsrechnen als Dienst zu realisieren. Problematisch ist hierbei die Netzwerklatenz. Diese ist in einer Cloud-Umgebung mit Standard-Ethernet-Netzwerken schlechter als in einem dedizierten HPC-Cluster. Die Eignung einer HPC-Anwendungen für HPCaaS ist abhängig vom Grad der Anwendungskopplung. Öffentlich zugängliche HPCaaS-Angebote sind u.a. die Cluster Compute Instanzen (`cc1.4xlarge`) und die Amazon Cluster GPU Instanzen (`cg1.4xlarge`). Jede Cluster Compute Instanz enthält zwei Quad-Core Intel Xeon-X5570 Nehalem Prozessoren mit 23 GB Hauptspeicher, 1.690 GB lokalem Instanzspeicher und Anschluss an ein internes Netzwerk mit 10 Gbit/s Datendurchsatz. Jede Cluster GPU Instanz enthält 22 GB Hauptspeicher und zusätzlich zwei Nvidia Tesla-M2050-Grafikeinheiten.

3.3 Vergleich zu etablierten Konzepten

Cloud Computing ist ein neues Konzept aus dem Bereich der verteilten Systeme. Ein Vergleich mit den länger etablierten Technologien Grid Computing, Peer-to-Peer und den dedizierten Servern ist daher von Interesse.

3.3.1 Grid Computing

Grid Computing bezeichnet die gemeinsame, ortsunabhängige Verwendung heterogener, computergestützter Ressourcen auf Basis bestehender Kommunikationsinfrastrukturen. Ressourcen können in diesem Kontext sein: Rechenleistung (einzelne Server oder komplette Cluster), Speicherkapazität, Datenbanken und Dateien, Softwareinstallationen und Lizenzen sowie wissenschaftliche Großgeräte, Experimente und Instrumente. Durch Grid Computing sollen Ressourcen (Rechenleistung, Speicherplatz, etc.) für die Kunden so einfach erreichbar und nutzbar sein wie Strom aus der Steckdose. Der Kunde übergibt seine Ressourcenanforderung oder Grid-Jobs über definierte Schnittstellen an das Grid, in dem die Ressourcenallokation, Verbrauchserfassung und Abrechnung automatisch erfolgen sollen. Die in einem Grid verbundenen Ressourcen gehören üblicherweise verschiedenen, unabhängigen Organisationen (öffentlichen und wissenschaftlichen Einrichtungen oder Unternehmen), die sich selbst um deren Verwaltung kümmern.

Während sich Grid Computing primär an den Bedürfnissen des Hochleistungsrechnens orientiert, geht die Zielsetzung von Cloud Computing mehr in Richtung Bereitstellung skalierbarer IT-Dienste über das Internet für eine potenziell große Zahl externer Kunden mit heterogenen Anwendungen. Ein Grid integriert geographisch verteilte, heterogene, physische Ressourcen ohne zentrale Kontrollinstanz nach dem Prinzip der Virtuellen Organisationen. Eine Cloud besteht aus einem oder wenigen Rechenzentren mit typischerweise homogenen, virtualisierten Ressourcen unter zentraler Kontrolle. In der Regel liegt Cloud-Diensten eine verteilte Infrastruktur zu Grunde. Dessen Management ist jedoch typischerweise zentral (und proprietär) durch einen Anbieter bestimmt. In Grids agieren die verteilten Knoten in der Regel autonom [15].

Grids sind häufig durch die öffentliche Hand gefördert, bei der die Nutzung der Ressourcen nach Zustimmung durch die Betreiber für die Kunden kostenfrei ist. Im

Gegensatz dazu haben Anbieter von Cloud-Diensten kommerzielle Geschäftsinteressen, und die Abrechnung erfolgt nach Verbrauch. Ein weiterer Unterschied ist, dass in Grids der Zugriff auf bestimmte physische Ressourcen möglich ist. In der Cloud ist das per Definition nicht möglich. Der Kunde hat nur geringe oder gar keine Möglichkeiten, eine physische Ressource auszuwählen, denn er greift ausschließlich auf Dienste zu und die Verteilung der Aufgaben auf die verbunden Ressourcen geschieht transparent. Ein Vergleich zwischen Cloud Computing und Grid Computing findet in [17] statt.

3.3.2 Peer-to-Peer

Peer-to-Peer (P2P) steht für einen Verbund gleichberechtigter Knoten, den sogenannten Peers. Diese machen sich gegenseitig Ressourcen zugänglich und kommunizieren im optimalen Fall direkt, unter Verzicht auf zentrale Kontrollinstanzen (Server) miteinander [26]. Aus diesem Grund ist P2P geeignet, dezentral organisierte Arbeitsumgebungen aufzubauen. Jeder Peer ist gleichzeitig Client und Server. Die Peers nutzen das Netzwerk zur Kommunikation und/oder Datenaustausch (Instant Messaging Systeme und Tauschbörsen). Zusätzlich existieren Anwendungen zur Unterstützung der Zusammenarbeit in Teams. Beispiele sind die Groupware Groove sowie Overlaynetzwerke (z.B. Freenet), die anonyme Kommunikation ermöglichen.

Das Konzept des Cloud Computing ist dem P2P, speziell im Bereich der Auslagerung von Daten, nicht unähnlich. Jedoch hat P2P das Ziel, Ressourcen möglichst vieler Peers einzubinden, um auf Server zu verzichten. Das Ziel des Cloud Computing ist aber nicht die Verteilung von Ressourcen und Daten, sondern die Auslagerung derselben. Anstatt eigene Rechen-, Speicher- oder Softwareressourcen zu betreiben, werden beim Cloud Computing die Ressourcen eines oder weniger Anbieter von Cloud-Diensten verwendet.

3.3.3 Hosting

Zahlreiche Anbieter, darunter 1&1 [171] [172], Host Europe [173] [174] und Strato [175] [176], bieten dedizierte Server physisch als Hardware, aber auch als virtuelle Systeme an. Bei der Nutzung dedizierter Server entfällt für die Kunden genau wie beim Cloud Computing die Notwendigkeit, selbst Server- und Speicher-Hardware zu betreiben. Ein Unterschied ist aber die Geschwindigkeit der Bereitstellung. Während ein Plattformdienst transparent skaliert und in einem Infrastrukturdienst innerhalb von Minuten zusätzliche Instanzen und Speicherressourcen bereitgestellt werden können, dauert die Bereitstellung zusätzlicher Hardware durch den Anbieter dedizierter Server üblicherweise Stunden.

Die mangelnde Elastizität dedizierter Server zeigt sich auch darin, dass die Kosten unabhängig von der Auslastung zu entrichten sind. Die Nutzung dedizierter Server wird meist im Rahmen von Monatspauschalen abgerechnet. Zusätzlich fallen häufig Kosten für die einmalige Einrichtung der Server an. In einer öffentlich zugänglichen Cloud werden nur verbrauchte Ressourcen in Rechnung gestellt. Die Existenz einer Vielzahl an Werkzeugen (siehe Abschnitt 8.1) zur Steuerung von Serverinstanzen in bestimmten Infrastrukturdiensten ist ein weiterer Vorteil gegenüber dedizierten Servern.

Handelt es sich bei einem dedizierten Server um einen sogenannten Managed Host, wird das Betriebssystem und die Server-Software vom Anbieter überwacht und aktualisiert. Üblicherweise erfolgen Betriebssystem- und Software-Updates sowie Spam- und Virenschutz transparent. Bei solchen Systemen ist die Installation zusätzlicher Anwendungen, Datenbank-Management und die Einstellung des Firewall-Regelwerks über eine Webmaske möglich. Solche Dienste bieten einen größeren Komfort, sind aber für die Kunden zumeist kostenintensiver als dedizierte Server, die softwareseitig komplett von den Kunden selbst administriert werden.

Vorteile von Plattform- und Infrastrukturdiensten gegenüber dedizierten Servern sind die Einbindung in bestehende Infrastrukturen großer Anbieter. Ein Beispiel ist die Realisierung einer Web-Präsenz mit Bildern und einfachen Funktionen zur Bildmanipulation (Skalieren und Drehen der Bilder). Eine Möglichkeit ist der Betrieb eines dedizierten Servers mit entsprechender Software wie Apache Web Server, Skriptsprache (z.B. PHP), Bibliotheken zur Bildmanipulation (z.B. GD Library), Datenbanken, usw. Einfacher, schneller und kostengünstiger ist die Realisierung mit der Google App Engine (siehe Abschnitt 4.3). Diese ermöglicht die persistente Datenspeicherung im Datastore (max. 1 MB/Objekt) und im Blobstore (max. 2 GB/Objekt) und bietet einfach zu bedienende Funktionen zur Bildmanipulation. Der Betrieb physischer oder virtueller Server mit eigenen Betriebssystemen, Systemsoftware und Anwendungssoftware wie Web-Server und Datenbanken ist somit in vielen Fällen unnötig.

Kapitel 4

Ausgewählte Cloud-Dienste

Entwicklungen im Cloud Computing werden primär von der Industrie vorangetrieben und nicht wie beim Grid Computing ausschließlich im Wissenschaftsumfeld. Bei wissenschaftsgetriebenen Technologien wie dem Grid Computing ist es üblich, dass sich die beteiligten Projekte organisieren und auf Standards bei Schnittstellen einigen. Bei einer industriegetriebenen Technologie wie dem Cloud Computing versuchen die Anbieter, die eigenen Entwicklungen bzw. Produkte optimal am Markt zu positionieren, ihre Dienste von anderen Angeboten abzuschotten und Konkurrenzangebote zu verdrängen. Die Akzeptanz eines Cloud-Dienstes und seiner Schnittstellen erfolgt aus der Akzeptanz durch die Kunden auf dem Markt der Cloud-Dienste. Dieser Umstand erklärt, warum kein allgemein akzeptierter Standard für Cloud-Schnittstellen existiert.

In dieser Dissertation findet eine Konzentration auf die Dienste der AWS und die Google App Engine statt. Der Grund dafür ist die hohe Anzahl zahlender Kunden, also die Akzeptanz am Markt, das umfangreiche Ökosystem kompatibler Werkzeuge und Bibliotheken und die Verfügbarkeit von privaten Cloud-Reimplementierungen.

4.1 Amazon Web Services

Die AWS sind eine Sammlung verschiedener Cloud-Dienste, deren Abrechnung nach Verbrauch über eine Kreditkarte erfolgt. Bekannte Dienste der AWS sind u.a.

- Elastic Compute Cloud (EC2), ein Infrastrukturdienst für virtuelle Server.

- Elastic Block Store (EBS), ein Speicherdienst für Datenspeichervolumen.

- Simple Storage Service (S3), ein Speicherdienst für Webobjekte.

- Elastic MapReduce (EMR), ein Dienst, um verteilte Berechnungen mit großen Datenmengen in EC2 durchzuführen.

- Relational Database Service (RDS), ein Dienst für relationale Datenbanken.

- SimpleDB, ein Dienst für ein verteiltes Datenbankmanagementsystem.

- Simple Notification Service (SNS), ein Benachrichtigungsdienst.

- Simple Queue Service (SQS), ein Dienst für Nachrichtenwarteschlangen.

- Virtual Private Cloud (VPC), ein Dienst zur Integration von Cloud-Ressourcen via VPN in die eigene Infrastruktur.

Die für diese Arbeit relevanten Dienste sind EC2, S3 und EBS. Wegen seiner Popularität und Flexibilität hat sich EC2 zu einer Art Referenzmodell für Infrastrukturdienste entwickelt. S3 und EBS konnten sich als de-facto Standard für Speicherdienste etablieren.

4.1.1 Elastic Compute Cloud

In EC2 [103] können die Kunden via Web-Services virtuelle Server, sogenannte Instanzen, in den Serverfarmen von Amazon betreiben. Die Kunden können Instanzen jederzeit als sogenannte On-Demand Instanzen[1] starten und wieder beenden. Möglichkeiten zur Kostenreduktion bieten die reservierten Instanzen[2] und Spot-

---

[1] Bei On-Demand Instanzen zahlen die Kunden nur die Laufzeit der eigenen Instanzen, und es kommt keine langfristige Bindung zustande.
[2] Bei reservierten Instanzen leisten die Kunden eine einmalige Zahlung für jede Instanz, die sie für einen Zeitraum von einem oder drei Jahren reservieren möchten. Nach der Einmalzahlung sinkt der Preis pro Stunde Laufzeit, abhängig von Region, Instanztyp und Betriebssystem. Reservierte Instanzen sind u.a. für Projekte geeignet, die über einen bestimmten Zeitraum mit einem festen Budget auskommen müssen, oder bei denen man von vornherein weiß, wie lange und in welchem Umfang die Dienste dauerhaft verfügbar sein sollen.

Instanzen[3]. Instanzen werden aus sogenannten Amazon Machine Images (AMI)[4] erzeugt. Ein AMI ist eine Art Blaupause für das Anlegen eines virtuellen Servers. Amazon betreibt fünf Standorte (Standorte), in denen sich EC2-Ressourcen befinden. Jeder Standort besteht aus sogenannten Verfügbarkeitszonen, in sich abgeschlossenen Clustern (siehe Tabelle 4.1).

Tabelle 4.1: Regionen und Verfügbarkeitszonen in EC2

Region (Standort)	Verfügbarkeitszonen
Asia-Pacific (Tokio)	ap-northeast-1a
Asia-Pacific (Singapur)	ap-southeast-1a, ap-southeast-1b
EU-West (Irland)	eu-west-1a, eu-west-1b
US-East (Virginia)	us-east-1a, us-east-1b, us-east-1c, us-east-1d
US-West (Kalifornien)	us-west-1a, us-west-1b

Damit die Kunden virtuelle Maschinen ihren Anforderungen entsprechend erzeugen können, existieren unterschiedliche Instanztypen, die sich in der Ressourcenausstattung unterscheiden (siehe Tabelle 4.2). Der Preis pro Stunde Laufzeit ist abhängig vom verwendeten Betriebssystem und der Region. Die Ausstattungsmerkmale der Instanztypen sind fest und können nicht angepasst werden. Die in Tabelle 4.2 verwendete Abkürzung ECU steht für EC2 Compute Unit und die Rechenleistung eines ECU ist äquivalent zu einem 2007er AMD Opteron oder Intel Xeon Prozessor mit 1,0 bis 1,2 GHz bzw. zu einem 1,7 GHz Xeon Prozessor aus dem Jahr 2006.

Vor dem Start von Instanzen legt der Kunde die Region, Verfügbarkeitszone, Anzahl der zu startenden Instanzen, Schlüsselpaar und Zuordnung zur Sicherheitsgruppe fest. Der Instanztyp ist zur Laufzeit nicht mehr veränderbar.

---

[3]Bei Spot-Instanzen wird von Amazon für jeden Instanztyp ein Preis gebildet, vergleichbar einem Kurswert an der Börse. Der Preis ist abhängig von Angebot und Nachfrage nach Spot-Instanzen. Ein Kunde, der Spot-Instanzen starten möchte, kann für die gewünschte Region die Anzahl der gewünschten Instanzen und den Höchstpreis angeben, den er bereit ist, je Stunde Laufzeit zu bezahlen. Die Instanzen werden gestartet, sobald der persönliche Höchstpreis über dem aktuellen Preis liegt. Steigt der Preis über den persönlichen Höchstpreis des Kunden, werden seine Spot-Instanzen automatisch beendet. Spot-Instanzen sind u.a. für nicht-zeitkritische und schwach gekoppelte Anwendungen geeignet, für die nur ein eingeschränktes Budget zur Verfügung steht.

[4]Amazon stellt vorgefertigte Images bereit, die sich bzgl. Betriebssystem und installierter Software unterscheiden. AMIs von Amazon gibt es für verschiedene Unix-Derivate (Linux und OpenSolaris) und Windows Server. Auch Drittanbieter wie z.B. IBM und Oracle stellen AMIs mit eigenen Software-Paketen zur Verfügung. Die Kunden haben auch die Möglichkeit, eigene AMIs anzufertigen, die dann selbst veröffentlicht und als sogenannte Paid-Instances über eine Produkt-ID vermarktet werden können.

Tabelle 4.2: Instanztypen in EC2

Instanztyp	Architektur	RAM	Speicher	CPU	ECU
t1.micro	32 + 64-Bit	613 MB	—	1 virt. Kern	max. 2
m1.small	32-Bit	1,7 GB	160 GB	1 virt. Kern	1
m1.large	64-Bit	7,5 GB	850 GB	2 virt. Kerne	4
m1.xlarge	64-Bit	15 GB	1690 GB	4 virt. Kerne	8
m2.xlarge	64-Bit	17,1 GB	420 GB	2 virt. Kerne	6,5
m2.2xlarge	64-Bit	34,2 GB	850 GB	4 virt. Kerne	13
m2.4xlarge	64-Bit	68,4 GB	1690 GB	8 virt. Kerne	26
c1.medium	32-Bit	1,7 GB	350 GB	2 virt. Kerne	5
c1.xlarge	64-Bit	7 GB	1690 GB	8 virt. Kerne	20
cc1.4xlarge	64-Bit	23 GB	1690 GB	8 virt. Kerne	33,5
cg1.4xlarge	64-Bit	22 GB	1690 GB	8 virt. Kerne	33,5

Nach dem Startprozess erhält die Instanz einen dynamisch zugewiesenen, öffentlichen und einen privaten DNS-Namen[5]. Unter dem öffentlichen DNS-Namen ist die Instanz aus dem Internet erreichbar. Unter dem privaten DNS-Namen ist sie für andere Instanzen in der Amazon Cloud sichtbar. Private und öffentliche DNS-Namen werden beim Start einer Instanz neu vergeben und sind daher für den dauerhaften Betrieb von Server-Diensten ungeeignet. Um dauerhaft verfügbare Dienste in EC2 zu realisieren, ist es nötig elastische IP-Adressen zu verwenden. Einmal reservierte elastische IP-Adressen können die Kunden immer wieder eigenen Servern zuweisen.

Amazon garantiert eine jährliche Verfügbarkeit von 99,95%, was ca. 4 Stunden Ausfallzeit pro Jahr entspricht. Wird die garantierte Verfügbarkeit unterschritten, erhält der Kunde eine Gutschrift [179].

Da bei der Terminierung (Löschung) einer Instanz alle Änderungen verloren sind, müssen die Kunden für sie wichtige Daten außerhalb der Instanz speichern. Einen Block-basierten Zugriff auf ein virtuelles, persistentes Speichermedium, vergleichbar einer virtuellen Festplatte, bietet der Speicherdienst Elastic Block Store (EBS). Die Speicherung großer Mengen schwach strukturierter Daten kann im Speicherdienst Simple Storage Service (S3) erfolgen.

---

[5]Das Domain Name System (DNS) ist ein Dienst zur Namensauflösung in Netzwerken.

4.1.2 Elastic Block Store

Mit EBS [102] können Kunden in EC2 innerhalb jeder Verfügbarkeitszone sogenannte Volumen mit einer Größe von 1 GB bis 1 TB erzeugen. Ein Volumen ist ein persistenter Speicher und verhält sich wie eine unformatierte Festplatte. Jedes Volumen kann immer nur an genau eine Instanz in EC2 angehängt sein. Dafür müssen sich Volumen und Instanz innerhalb der gleichen Verfügbarkeitszone befinden. Einer Instanz können mehrere Volumen zugewiesen sein. Dadurch ist es möglich, via Software-RAID[6] eine höhere Verfügbarkeit der Daten und/oder einen höheren Durchsatz zu erzielen. Ein Volumen kann ein beliebiges Dateisystem enthalten. Volumen können auch als Boot-Partitionen für EC2-Instanzen verwendet werden. Dadurch ist eine Festlegung der Größe einer Boot-Partition auf bis zu 1 TB möglich und die Boot-Partition kann über die Lebensdauer der Instanz hinaus beibehalten werden.

In EBS können zu jeder Zeit zu Backup- oder Replikationszwecken sogenannte Snapshots von Volumen erstellt werden, die in Amazon S3 gespeichert werden. Aus jedem Snapshot können beliebig viele neue Volumen erstellt werden. Die Snapshots können mit anderen Anwendern gemeinsam genutzt werden. Es ist auch möglich, Snapshots allen Anwendern von EC2/EBS zugänglich zu machen.

Amazon garantiert für EBS genau wie für EC2 eine jährliche Verfügbarkeit von 99,95%, was ca. 4 Stunden Ausfallzeit pro Jahr entspricht. Wird die garantierte Verfügbarkeit unterschritten, erhält der Kunde eine Gutschrift [179].

4.1.3 Simple Storage Service

Mit dem Speicherdienst S3 [165] können die Kunden Daten in Form von Webobjekten auf Amazons Speicher-Ressourcen ablegen. Jedes Objekt kann maximal 5 GB groß sein und zu jedem Objekt werden ein Name[7] und 2 kB Metadaten gespeichert. Bei den Metadaten, die für jedes Objekt gespeichert werden, handelt es sich um:

---

[6] Da sich die Geschwindigkeit, Kapazität und Verfügbarkeit von Festplatten oder sonstigen Datenspeichern nicht beliebig verbessern lässt, werden Laufwerke oder Partitionen zu sogenannten RAID-Systemen (Redundant Array of Independent Disks) zusammengeschlossen. Durch die Spiegelung und/oder Verteilung der Daten über mehrere Laufwerke können Durchsatz, nutzbare Kapazität und Verfügbarkeit gesteigert werden.

[7] Der Name eines Objekts in S3 wird auch als *Key* bezeichnet.

- Last-Modified: Datum des letzten Schreibzugriffs auf das Objekt

- ETag: Hexadezimale 128-Bit MD5 Prüfsumme

- Content-Type: Internet Media Type (MIME-Type), der die Art der Daten im Objekt klassifiziert

- Content-Length: Länge des Objekts in Byte ohne Metadaten und Objektname

Im flachen Namensraum von S3 muss jedes Objekt einem sogenannten Bucket zugeordnet sein. Jeder Bucket muss einen eindeutigen Namen haben und kann keinen weiteren Bucket enthalten. Die Kunden können für eigene Objekte und Buckets die Zugriffsberechtigung in Form einer Access Control List (ACL) festlegen. Objekte sind, sofern die Zugriffsrechte das erlauben, global erreichbar. Zugriff auf Buckets und Objekte sind via REST und SOAP möglich. Objekte sind auch via BitTorrent[8] erreichbar, wenn dieses vom Kunden festgelegt wurde.

Amazon garantiert für S3 eine monatliche Verfügbarkeit von 99,9%, was weniger als 9 Stunden Ausfallzeit pro Jahr entspricht. Wird die garantierte Verfügbarkeit unterschritten, erhält der Kunde eine Gutschrift [180].

Die Bezeichnung Simple Storage Service soll nicht einfache Benutzbarkeit, sondern einen geringen Funktionsumfang implizieren. Dieser geringe Funktionsumfang in Kombination mit geringem Preis und hoher Verfügbarkeit haben S3 zu einem etablierten Backend für Anbieter wie Jungle Disk [98], ElephantDrive [107], ExEasy NetCDP [144] und Dropbox [101] werden lassen, die den Dienst mit erweiterten Funktionen veredeln und unter einer neuen Oberfläche anbieten.

4.2 Google Storage

Der Speicherdienst Google Storage [183] ermöglicht das Speichern von Webobjekten auf den Servern von Google. Der Zugriff erfolgt analog zu Amazon S3 über REST. Eine SOAP-Schnittstelle besitzt Google Storage nicht. Die Funktionalität des Speicherdienstes ist analog zu S3. Objekte sind, sofern die Zugriffsrechte das erlauben, global erreichbar. Google Storage und Amazon S3 sind (Stand März 2011) die einzigen existierenden öffentlich zugänglichen Cloud-Dienste mit identischer Schnittstelle.

---

[8]BitTorrent ist ein Protokoll zum gemeinsamen Datenaustausch, das sich besonders für die schnelle Verteilung großer Datenmengen eignet.

4.3 Google App Engine

Die App Engine [108] ist ein Plattformdienst, mit dem die Kunden in Python und Java entwickelte Webanwendungen innerhalb der Google Infrastruktur betreiben können. Die Nutzung dieses Plattformdienstes ist im Rahmen gewisser Mengenbeschränkungen kostenfrei. Die Webanwendungen können zusätzlich zu Google Storage verschiedene Dienste nutzen:

- **Authentifizierung** und **Authorisierung** über Google-Benutzerkonten.

- **Datastore**, ein persistenter Datenspeicher, der als Key/Value-Datenbank realisiert ist.

- **Memcache**, ein temporärer Datenspeicher aus Hauptspeichermodulen mit schnellen Zugriffszeiten.

- Die persistente Speicherung großer Daten ist im **Blobstore** möglich.

- Zugriff auf Inhalte im Internet über Web-Services mit REST via **URL Fetch**.

- Versand und Empfang von **E-Mails** über das Google Mail Gateway.

- Nachrichtenversand und -empfang über **XMPP**.

Die Einsatzmöglichkeiten der App Engine sind durch einige feste Einschränkungen begrenzt. Die App Engine unterstützt ausschließlich die Python-Version 2.5.2. Java-Anwendungen dürfen nicht multithreaded sein und nicht alle Klassen der JRE Standard Edition sind verfügbar. Es ist nur ein lesender Zugriff auf das Dateisystem möglich. Kommunikation mit anderen Webanwendungen oder Servern ist nur über URL Fetch, XMPP oder E-Mail und nur über die Ports 80, 443, 4443, 8080-8089, 8188, 8444 und 8990 möglich. Es können keine Sockets erzeugt werden. Somit ist z.B. keine Kommunikation über FTP oder SSH möglich.

4.4 Lösungen zum Aufbau eigener Infrastruktur- und Speicherdienste

Gegen die Nutzung öffentlich zugänglicher Infrastruktur- oder Plattformdienste können abhängig vom Einsatzzweck Bedenken bzgl. Datensicherheit und Datenschutz sprechen. In diesen Fällen kann der Betrieb einer privaten Cloud sinnvoll sein.

Ein Alleinstellungsmerkmal der AWS ist die Existenz privater Cloud-Lösungen, die über die gleichen technischen Schnittstellen wie die Dienste der AWS angesprochen werden können. Tabelle 4.3 enthält eine Übersicht freier Lösungen zum Aufbau privater Infrastrukturdienste und deren Kompatibilität zu den Schnittstellen bekannter Dienste innerhalb der AWS. Die Tabelle zeigt, dass Eucalyptus [110] am umfangreichsten die Schnittstellen der AWS unterstützt.

Tabelle 4.3: Private Cloud-Lösungen und deren Kompatibilität zu den AWS

Name	Lizenz	EC2	S3	EBS
AbiCloud	LGPL v3	—	—	—
CloudStack	GPL v3	teilweise	—	—
Enomaly ECP	AGPL v3	—	—	—
Eucalyptus	GPL v3	vollständig	vollständig	vollständig
Nimbus	Apache v2.0	teilweise	teilweise	—
OpenECP	AGPL v3	—	—	—
OpenNebula	Apache v2.0	teilweise	—	—
Tashi	Apache v2.0	in Entwicklung	—	—

4.4.1 Eucalyptus

Eucalyptus[9] [110] wurde ursprünglich an der University of California in Santa Barbara (UCSB) entwickelt. Die Weiterentwicklung erfolgt durch Eucalyptus Systems, Inc. [189]. Eucalyptus erlaubt den Aufbau und Betrieb einer privaten Infrastruktur, die kompatibel zur Schnittstelle von EC2 ist. Zusätzlich enthält Eucalyptus noch die beiden Speicherdienste Walrus (zu S3 kompatibel) und Storage Controller (zu EBS kompatibel) [51] [52].

---

[9]Elastic Utility Computing Architecture for Linking Your Programs To Useful Systems

In einer Eucalyptus-Infrastruktur sind die Images in Walrus gespeichert. Sollen Instanzen gestartet werden, muss zuerst das Image aus Walrus über eine verschlüsselte Übertragung via Secure Copy (SCP) zum betreffenden Knoten kopiert werden. Eine Möglichkeit, den Start neuer Instanzen zu beschleunigen, ist der Einsatz eines hochperformanten Speichernetzwerkes, eines sogenannten Storage Area Networks (SAN). Ein verteiltes Dateisystem wie OCFS2 kann in einem SAN-Volumen installiert und vom CLC mit Walrus und den NCs an den entsprechenden Verzeichnissen im Dateisystem eingebunden werden. Somit sind alle Images immer auf allen NCs verfügbar und Übertragungen via SCP nicht länger nötig.

Wegen der Schnittstellenkompatibilität zu den populären öffentlich zugänglichen Cloud-Diensten der AWS ist die Nutzung bekannter Werkzeuge für EC2, S3 und EBS auch mit auf Eucalyptus basierenden privaten Clouds möglich. Beispiele sind die Werkzeuge boto [82], s3curl [167], s3fs [73], Elasticfox [106] und s3cmd [166]. Das Unternehmen Eucalyptus Systems selbst bietet mit den in Python entwickelten Euca2ools [109] eine Sammlung von zu den AWS kompatiblen Kommandozeilenwerkzeugen an.

Eucalyptus bietet weder die Fähigkeit, bestimmte physische Knoten beim Start neuer Instanzen auszuwählen oder auszuschließen, noch können physische Knoten in irgendeiner Form gruppiert werden. Eucalyptus bietet auch keine Messung des Ressourcenverbrauchs (Accounting), was die Grundlage für die Erstellung einer Rechnung (Billing) über die genutzten Ressourcen wäre.

Neben Eucalyptus existieren weitere Lösungen zum Aufbau von privaten Cloud-Infrastrukturen. Dabei handelt es sich u.a. um OpenNebula und Nimbus.

4.4.2 OpenNebula

OpenNebula [149] versucht nicht wie Eucalyptus, die AWS möglichst detailgetreu zu emulieren, sondern beschränkt sich auf das Management virtueller Maschinen, die Verwaltung von Pools physischer Ressourcen und die Organisation von Speicher-, Netzwerk- und Virtualisierungstechnologien. Im Gegensatz zu Eucalyptus unterstützt OpenNebula nur einen Teil der Schnittstelle von EC2. Ein Speicherdienst analog zu S3 wie Walrus oder EBS ist nicht verfügbar. In OpenNebula können Infrastrukturdienste mit zu EC2 kompatibler Schnittstelle (z.B. Amazon EC2 und Eucalyptus) eingebunden und Instanzen explizit in diesen externen Cloud-Infrastrukturen gestartet werden.

OpenNebula ist eine der wenigen existierenden Lösungen zum Aufbau von Infrastrukturdiensten, die das Gruppieren von Knoten unterstützt. Der Schlüssel hierzu sind virtuelle Cluster. In OpenNebula-Infrastrukturen existiert der virtuelle Cluster `default`, dem alle physischen Knoten zugeordnet sind. Neue virtuelle Cluster können auf der Kommandozeile erzeugt und physische Knoten diesen zugewiesen werden. Das Gruppieren physischer Knoten ist eine wichtige Voraussetzung für die Realisierung von HPCaaS. Durch die Gruppierung ist es möglich, gekoppelte Rechenjobs und deren Daten auf physisch nah beeinander positionierten Knoten mit eventuell vorhandenen performanten Netzwerkverbindungen wie z.b. 10 GbE oder InfiniBand zu starten und somit die Netzwerklatenzen zu verringern.

OpenNebula bietet zwei Betriebsarten bezüglich der Bereitstellung der Images. Die erste Möglichkeit arbeitet äquivalent zu Eucalyptus. Hier liegen die Images auf dem Zugangspunkt und werden bei Bedarf per SCP auf die Knoten übertragen, auf denen Instanzen gestartet werden sollen. Dadurch befinden sich Image und Instanz komplett auf dem Knoten. Untersuchungen am CERN haben ergeben, dass BitTorrent als Alternative zu SCP eine skalierbare Lösung zur Verteilung der Images auf den Knoten ist [62]. Die zweite Möglichkeit ist die Verwendung eines gemeinsamen Dateisystems, auf das Frontend und Knoten zugreifen. Ein positiver Nebeneffekt ist, dass somit die Migration virtueller Maschinen zwischen Knoten im laufenden Betrieb möglich ist. Eine Möglichkeit, die Leistungsfähigkeit dieser Lösung zu verbessern, ist der Einsatz eines Speichernetzwerks (SAN) und passenden Dateisystems.

Eine Lösung zur Erfassung des Ressourcenverbrauchs (Accounting) und Rechnungsstellung (Billing) existiert in Form eines Accounting-Moduls [68]. Mit diesem Modul ist es möglich, für jeden Kunden die Anzahl seiner virtuellen Maschinen, deren Laufzeit und Übertragungszeit der Images zu erfassen. Auch die Verbrauchsdaten einzelner Instanzen und physischer Knoten werden erfasst und können auf der Kommandozeile abgefragt werden. Die Abfrage mit Hilfe einer API ist nicht möglich. Eine automatisierte Rechnungsstellung an die Kunden existiert nicht.

Die Entwicklung von OpenNebula findet an der Universität Complutense Madrid statt und wird im Rahmen des Projekts RESERVOIR [164] gefördert.

4.4.3 Nimbus

Nimbus [145] ist eine Entwicklung der Globus Alliance und basiert auf der Grid-Middleware Globus Toolkit 4 [197]. Die Verteilung virtueller Maschinen auf die Knoten kann mit Hilfe etablierter Scheduling-Systeme wie dem Portable Batch System (PBS) und der Sun Grid Engine (SGE) erfolgen. Eine Lösung zur Erfassung des Ressourcenverbrauchs und zur Erstellung einer Rechnung der genutzten Ressourcen existiert für Nimbus nicht.

Wie OpenNebula unterstützt Nimbus nur einen Teil der Schnittstelle von EC2. Nimbus enthält einen Speicherdienst für Webobjekte mit dem Namen Cumulus, dessen Schnittstelle mit der Schnittstelle von S3 kompatibel ist. Cumulus unterstützt (Stand: März 2011) jedoch nicht die komplette Schnittstelle von S3. So ist z.b. keine Kommunikation via REST, sondern ausschließlich über SOAP möglich.

4.4.4 CloudStack

CloudStack [89] ist eine Entwicklung des Unternehmens Cloud.com und in den Versionen Community, Enterprise und Service-Provider verfügbar. Der Infrastrukturdienst besteht aus dem Management-Server und den ausführenden Knoten. Der Management-Server stellt u.a. eine Weboberfläche für die Kunden und Administratoren zur Verfügung.

Wie Nimbus und OpenNebula unterstützt auch CloudStack nur einen Teil der Schnittstelle von EC2. Ein zu S3 kompatibler Speicherdienst wie Walrus oder Cumulus existiert ebensowenig wie ein elastischer Blockspeicherdienst mit der Funktionalität und Schnittstelle von EBS.

CloudStack unterstützt das Gruppieren physischer Knoten in Zonen, Clustern und sogenannten Pods. Ein Cluster besteht aus einem oder mehreren Knoten, die identische Virtualisierungs-Lösungen bereitstellen. Ein Pod enthält einen oder mehrere Cluster und das zugehörigen Subnetz. Typischerweise entspricht einem Pod ein physisches Rack, in dem sich die zugehörigen Knoten befinden. Diese Form der Gruppierung hilft bei der Realisierung virtueller verteilter Systeme, die physisch nah beieinander sind und somit eine geringe Netzwerklatenz aufweisen. Als letzte Form der Strukturierung umfasst eine Zone ein oder mehrere Pods mit den zugehörigen virtuellen Netzwerken (VLANs).

4.4.5 Weitere Lösungen zum Aufbau eigener Cloud-Infrastrukturen

Weitere freie Lösungen zum Aufbau und Betrieb eigener Infrastrukturdienste sind u.a. Abiquo [70], Tashi [190], ECP [156] und OpenECP [147] (siehe Tabelle 4.3). Alle diese Lösungen verwenden proprietäre Managementwerkzeuge und bieten keine Kompatibilität zur Schnittstelle von EC2. Keine der Lösungen enthält einen Speicherdienst wie Walrus oder Cumulus oder bietet die Möglichkeit, Knoten in Ensembles zu gruppieren und den Ressourcenverbrauch zu erfassen.

4.4.6 Reimplementierung der Google App Engine

AppScale [77] ist eine freie Software, deren Entwicklung an der University of California in Santa Barbara (UCSB) erfolgt. Zur Google App Engine kompatible Anwendungen können mit AppScale innerhalb eines auf Eucalyptus basierenden Infrastrukturdienstes und in Amazon EC2 betrieben und getestet werden. AppScale ist auch direkt auf dem Xen Hypervisor ohne darunterliegenden Infrastrukturdienst ausführbar [24]. Genau wie die App Engine unterstützt AppScale Webanwendungen, die in Python und Java geschrieben sind.

Im Gegensatz zu AppScale kann typhoonAE [198] in beliebigen Linux oder MacOS X Umgebungen laufen und unterstützt ausschließlich in Python entwickelte Webanwendungen. Der Entwicklungsserver von Google wird bei typhoonAE nicht verwendet, sondern das SDK wird unmodifiziert importiert, um die API der Google App Engine anbieten zu können.

4.5 Zwischenbetrachtung

Der Infrastrukturdienst Amazon EC2 ermöglicht den Betrieb verschiedener Betriebssysteme und beliebiger Anwendungen in virtuellen Serverinstanzen. Diese Flexibilität wird durch die Administratorrechte der Kunden innerhalb der Instanzen und Firewall sowie die Verfügbarkeit elastischer IP-Adressen und die Speicherdienste EBS und S3 für persistenten Speicher so weit gesteigert, dass komplette Rechenzentren virtuell realisierbar sind. Mit Google Storage existiert ein weiterer öffentlicher Speicherdienst dessen Schnittstelle zu S3 kompatibel ist. Die Existenz dieses schnittstellenkompatiblen Konkurrenzangebots bietet den Kunden flexible Einsatzmöglichkeiten und fördert das Entstehen eines echten Marktes vergleichbarer Cloud-Dienste.

Unter den etablierten Lösungen zum Aufbau eigener Cloud-Infrastrukturen sticht Eucalyptus hervor, da es die Funktionalität der Dienste EC2, EBS und S3 emuliert und deren Schnittstellen anbietet, um vom wachsenden Ökosystem kompatibler Werkzeuge und Dienste zu profitieren. Für die Realisierung eines Cloud-Marktplatzes fehlen Eucalpytus jedoch elementare Fähigkeiten. Dazu gehören die Messung des Ressourcenverbrauchs und die Abrechnung der Cloud-Dienste. Ein weiterer Nachteil ist, dass die Stabilität (Dienstgüte) einer Eucalyptus-Infrastruktur nicht mit den AWS vergleichbar ist.

OpenNebula und Nimbus ermöglichen auch den Aufbau eigener Infrastrukturen, unterstützen aber nur einen Teil der Schnittstelle von EC2 und nur Nimbus enthält einen Speicherdienst. Insbesondere ObenNebula enthält interessante Fähigkeiten wie das Gruppieren physischer Knoten zu virtuellen Clustern (Ensembles), die Messung des Ressourcenverbrauchs und die Summierung des Ressourcenverbrauchs zur Abrechnung.

Mit der Google App Engine existiert ein leistungsfähiger öffentlich zugänglicher Cloud-Plattformdienst für in Python und Java realisierte Webanwendungen, der gleichzeitig Schnittstellen zu Infrastrukturdiensten von Google bietet. Mit AppScale und typhoonAE haben die Kunden die Möglichkeit, selbst Plattformdienste für Anwendungen zu betreiben, die zur App Engine kompatibel sind.

Die in diesem Kapitel vorgestellten Dienste und Lösungen bilden die Grundlage für die Entwicklung eines Cloud-Marktplatzes, der einerseits Ressourcen von öffentlichen und privaten Diensten integrieren muss und andererseits selbst flexibel (eventuell als Webanwendung) betrieben werden soll.

Kapitel 5

Verwaltung der Rechenleistung

Die Verwaltung von Rechenleistung als Dienst und die Bereitstellung an die Kunden geschieht in öffentlich zugänglichen Cloud-Infrastrukturen wie Amazon EC2 mit Hilfe proprietärer Software. Amazon nutzt als Virtualisierungslösung für EC2 eine angepasste Version des Xen Hypervisors. Zum Aufbau entsprechender privater Infrastrukturdienste existieren ebenfalls proprietäre Lösungen wie die Eucalyptus Enterprise Edition [189] oder die Elastic Computing Platform von Enomaly [155]. Gleichzeitig gibt es Lösungen wie Eucalyptus, OpenNebula und Nimbus die freie Software sind und proprietäre Lösungen wie VMware vSphere [205], VMware vCloud [200] und Zimory [209] und die Enomaly Elastic Computing Platform (ECP) [155].

5.1 Aufbau einer privaten Cloud

Wegen der umfangreichen Unterstützung für die Schnittstelle von EC2 und der damit verbunden Möglichkeit, auf das wachsende Ökosystem existierender Werkzeuge und Bibliotheken zurückgreifen zu können, wurde Eucalyptus intensiv untersucht. OpenNebula und Nimbus existierten zum Zeitpunkt der Auswahl noch nicht oder boten wegen ihres frühen Entwicklungsstands keine ausreichende Funktionalität. Auch die proprietären Lösungen existierten zum Zeitpunkt der Untersuchungen noch nicht oder boten nicht die gewünschte Kompatibilität zu den Schnittstellen der AWS. Im Rahmen der vorliegenden Arbeit wurden ab November 2008 verschiedene auf Eucalyptus basierende private Cloud-Infrastrukturen aufgebaut, untersucht und erweitert.

Im November 2008 wurde eine Infrastruktur auf Basis von Eucalyptus 1.3 und dem Xen Hypervisor als Virtualisierungslösung unter Debian 4.0 auf zwei IBM LS20[1] Blade-Servern eingerichtet. Diese Infrastruktur wurde im Januar 2009 um zwei IBM HS21[2] Blade-Server erweitert und auf Eucalyptus 1.4 aktualisiert [11]. Im Juli 2009 wurde eine neue Installation mit Eucalyptus 1.5 und Xen auf Basis von Ubuntu 9.04 auf fünf HP ProLiant BL2x220c G5[3] Blade-Servern installiert. Nach Stabilitätsproblemen wurde diese Installation im September 2009 mit Debian 5.0, Eucalyptus 1.5.2 und Xen neu installiert. Die frühen Installationen dienten der Erforschung der Infrastruktur und dem Sammeln von Erfahrungen im Betrieb. Die Installation mit Eucalyptus 1.5.2 wurde für Messungen von Prozessorleistung, sequentieller und wahlfreier Speichergeschwindigkeit, Netzwerkdurchsatz und Netzwerklatenz eingesetzt.

Im November 2009 erfolgte auf den HP-Blades die Installation von Ubuntu Server 9.10 mit Eucalyptus 1.6 und der Virtualisierungslösung KVM, da der Xen Hypervisor wegen der abnehmenden Unterstützung durch die Linux-Distributionen und fehlenden Integration in den Linux Standard-Kernel nicht mehr länger zeitgemäß erschien. Eine Aktualisierung auf Ubuntu Server 10.04 LTS mit Eucalyptus 1.6.2 fand im Mai 2010 statt.

Das Ziel der Infrastruktur mit Eucalyptus 1.6.2 (siehe Abbildung 5.1) ist die Gewährleistung eines stabilen Produktionsbetriebs und die Bereitstellung einer Infrastruktur, um wissenschaftliche Anwendungen auf diese zu portieren. Ein Blade-Server enthält den Cloud Controller[4] (CLC) mit der Datenbank, die beiden Speicherdienste Walrus und Storage Controller (SC), sowie den Cluster Controller[5] (CC). Dieser Server verfügt über keine laufende Virtualisierungslösung. Die übrigen Knoten der

---

[1]Diese Blade-Server enthielten je zwei Single Core Opteron Prozessoren von AMD mit je 2,4 GHz Taktfrequenz und 4 GB Hauptspeicher.
[2]Diese Blade-Server enthielten je zwei Dual Core Xeon Prozessoren von Intel mit je 2,33 GHz Taktfrequenz und 16 GB Hauptspeicher.
[3]Jedes dieser Blades besteht aus zwei voneinander unabhängigen Servern mit je zwei Quad-Core Xeon Prozessoren von Intel mit je 2,33 GHz Taktfrequenz und 16 GB Hauptspeicher.
[4]Der CLC ist für das Meta-Scheduling, also die Verteilung der virtuellen Maschinen zwischen den Standorten (Clustern) der Infrastruktur zuständig. Hierfür sammelt er die Ressourceninformationen, die die CCs an den CLC übermitteln. In jeder Eucalyptus-Infrastruktur muss exakt ein CLC aktiv sein, der den Zugriffspunkt zur Cloud darstellt.
[5]In jedem Cluster ist ein CC für das Scheduling der virtuellen Maschinen auf die NCs zuständig. Dieses geschieht mit Hilfe der Ressourceninformationen, die die NCs an den CC übermitteln. Eine weitere Aufgabe eines CC ist die Steuerung des privaten Netzwerks, über das der CC mit den NCs kommuniziert. Jeder CC sendet Informationen über den aktuellen Zustand der Ressourcen im eigenen Cluster an den CLC.

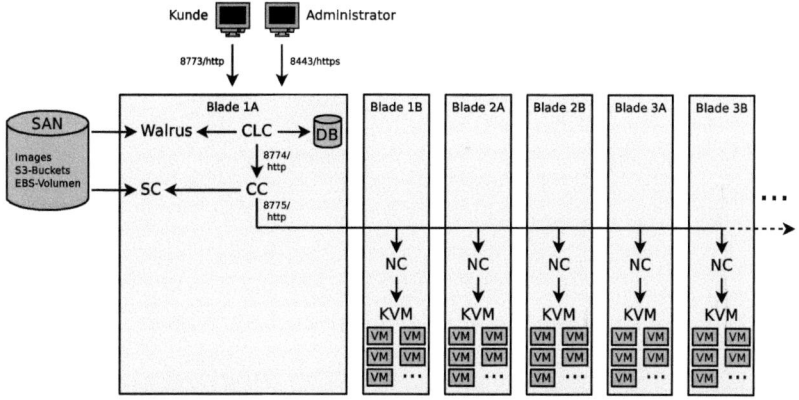

Abbildung 5.1: Eucalyptus-Infrastruktur am SCC

Cloud enthalten KVM als Virtualisierungslösung und den Node Controller[6] (NC). Die Images, S3-Buckets und EBS-Volumen wurden aus Kapazitätsgründen und um eine bessere Skalierbarkeit zu erreichen, auf ein Speichernetzwerk (SAN) ausgelagert.

5.2 Administrative Tätigkeiten

Für den Betrieb einer eigenen Cloud-Infrastruktur als Produktionsumgebung ist es nötig, dass bestimmte administrative Tätigkeiten vom verwendeten Infrastrukturdienst unterstützt werden. Dazu gehört u.a. die Administration der Kundenkonten, Integration von Images im laufenden Betrieb, Neustart einzelner Komponenten der Infrastruktur, Hinzufügen und Entfernen einzelner Knoten, Migration von Instanzen zwischen den NCs und die Aktualisierung einer Eucalyptus-Installation ohne Datenverlust sowie die Möglichkeit die Datenbank zu sichern.

---

[6]Der NC muss auf jedem Knoten in der Cloud laufen, auf dem virtuelle Maschinen gestartet werden sollen. Voraussetzung hierfür ist eine funktionierende Virtualisierungslösung. Jeder NC sendet Informationen über die Auslastung der eigenen Ressourcen an den CC. Dabei handelt es sich um die Anzahl der virtuellen Prozessoren, den freien Hauptspeicher und den freien Festplattenspeicher.

5.2.1 Kundenkonten hinzufügen und entfernen

Das Hinzufügen und Entfernen von Kundenkonten ist in der Weboberfläche des CLC möglich. Der Administrator der Infrastruktur kann in der Weboberfläche neue Kundenkonten aktivieren und bestehende Konten entfernen. Ein Kunde kann, sobald sein Konto aktiviert wurde, in der Weboberfläche seine Zugangsdaten (Access Key und Secret Access Key) erfahren.

5.2.2 Images erzeugen, integrieren und entfernen

Das Unternehmen Eucalyptus Systems Inc. stellt im sogenannten Image Store fertige Images bereit, die der Betreiber über die Weboberfläche auswählen und installieren kann. Dazu gehören Images mit Ubuntu Linux und ein Image, das M/DB [143], eine quelloffene Reimplementierung des verteilten Datenbankmanagementsystems Amazon SimpleDB [95] mit identischer Schnittstelle, enthält.

Images, die nicht von Eucalyptus stammen, müssen vom Administrator des Infrastrukturdienstes auf der Kommandozeile installiert werden. Kernel-, Ramdisk- und Betriebssystem-Images müssen jeweils immer mit `euca-bundle-image` erzeugt, mit `euca-upload-bundle` in einen S3-Bucket in Walrus hochgeladen und mit `euca-register` im Infrastrukturdienst registriert werden. Das Entfernen von Images ist auf der Kommandozeile mit dem Kommando `euca-deregister` möglich.

5.2.3 Knoten hinzufügen und entfernen

Das Hinzufügen und Entfernen einzelner NCs ist mit `euca_conf`, dem Konfigurationswerkzeug von Eucalyptus auf der Kommandozeile möglich. Das Hinzufügen und Entfernen einzelner NCs ist im laufenden Betrieb der Infrastruktur möglich.

5.2.4 Komponenten der Infrastruktur neu starten

Der Neustart einzelner Komponenten in der Infrastruktur während Instanzen auf den NCs laufen, kann aus Wartungsgründen oder bei Softwarefehlern notwendig sein. Beim Neustart des CLC mit der Datenbank wird die Tabelle der In-Memory-

Datenbank[7] Hyper Structured Query Language Database (HSQLDB) mit der Liste der dem Infrastrukturdienst bekannten Instanzen und allen zugehörigen Metadaten gelöscht. Bereits gestartete Instanzen laufen weiter und werden vom neugestarteten CLC auch erkannt. Da aber alle Metainformationen zu diesen Instanzen verloren sind, kennt der CLC deren elastische IP-Adressen nicht mehr und es besteht die Gefahr, dass beim Start neuer Instanzen der CLC die bereits vor dem Neustart vergebenen elastischen IP-Adressen erneut (doppelt) vergibt, was zu Fehlern in der Netzwerkinfrastruktur führt.

Ein Neustart des CC hat zur Folge, dass keine neuen Instanzen auf den NCs im Cluster des betroffenen CC gestartet werden können. Existiert in der privaten Cloud-Infrastruktur kein weiterer CC, können gar keine neuen Instanzen gestartet werden. Ansonsten hat der Ausfall des CC keine Auswirkungen auf die Infrastruktur und die laufenden Instanzen, deren gespeicherte Metadaten, zugewiesene EBS-Volumen und elastische IP-Adressen.

Wird ein NC neu gestartet, hat dieses ebenfalls keine Auswirkungen auf die laufenden Instanzen, deren gespeicherte Metadaten, zugewiesene EBS-Volumen und elastische IP-Adressen. Bleibt der NC deaktiviert, können auf dem physischen Knoten keine neuen Instanzen gestartet werden.

5.2.5 Migration von Instanzen zwischen Knoten

Die Migration der Instanzen im laufenden Betrieb wird von aktuellen Virtualisierungslösungen wie KVM, Xen und VMware ESX unterstützt. Eucalyptus hingegen unterstützt das Verschieben von Instanzen nicht und manuell migrierte Instanzen werden von Eucalpytus nicht mehr erkannt. Um die Migration der Instanzen im laufenden Betrieb zu realisieren, muss der verwendete Infrastrukturdienst in der Lage sein, alle einer Instanz zugewiesenen Ressourcen wie EBS-Volumen und elastische IP-Adressen umzulenken.

---

[7]In-Memory-Datenbanken verwenden den Arbeitsspeicher eines Computers und keinen persistenten Datenspeicher. Dadurch erfüllen In-Memory-Datenbanken nicht das für Datenbanken wichtige Kriterium der Dauerhaftigkeit, das Teil der sogenannten ACID-Kriterien (Atomarität, Konsistenz, Isoliertheit und Dauerhaftigkeit) ist.

5.2.6 Sicherung der Datenbank

Die Datenbank ist als Sammlung verschiedener In-Memory-Tabellen realisiert. Parallel dazu pflegt Eucalyptus eine persistente Repräsentation der meisten Datenbank-Tabellen im Verzeichnis `/var/lib/eucalyptus/db` in Form von Skripten, die in der Lage sind, die In-Memory-Tabellen wieder herzustellen. Einträge in den Tabellen im Hauptspeicher erfolgen parallel zur persistenten Repräsentation. Im Bezug auf diese Tabellen kann von einer hybriden In-Memory-Datenbank[8] gesprochen werden.

Eine Ausnahme ist die Tabelle mit den laufenden Instanzen und deren Metadaten. Diese Datenbank ist als reine In-Memory-Tabelle realisiert und die Sicherung ihres aktuellen Zustands ist nicht möglich. Eine Sicherung des Zustands der hybriden In-Memory-Tabellen mit den Benutzerdaten, Schlüsselpaaren, Sicherheitsgruppen, Images, EBS-Volumen, Informationen zu installierten Images und elastischen IP-Adressen ist durch die Sicherung des entsprechenden Verzeichnisses `/var/lib/eucalyptus/db` möglich.

5.2.7 Aktualisierung einer Infrastruktur

Die Aktualisierung einer bestehenden Infrastruktur unter Beibehaltung der Benutzerdaten, Schlüsselpaaren, Sicherheitsgruppe, Images, S3-Buckets, EBS-Volumen und Konfigurationseinstellungen ist durch die Sicherung der Dateien und Verzeichnisse in Tabelle 5.1 möglich. Sind diese Daten gesichert, kann die bestehende Infrastruktur entfernt und eine neue Version installiert werden. Abschließend werden die gesicherten Daten wiederhergestellt und der Infrastrukturdienst gestartet.

5.3 Erfahrungen mit der privaten Cloud

Beim Aufbau und Betrieb der unterschiedlichen Infrastrukturen wurden Erfahrungen bzgl. der Robustheit (Stabilität), Skalierbarkeit und Erweiterbarkeit gewonnen.

---

[8]Hybride In-Memory-Datenbanken können Daten sowohl im Hauptspeicher, als auch auf Festplatten speichern und somit einerseits die Leistung von reinen In-Memory-Datenbanken mit der Dauerhaftigkeit klassischer Datenbanken verbinden.

Tabelle 5.1: Zu sichernde Daten bei einer Aktualisierung von Eucalyptus

Datei bzw. Verzeichnis	Inhalt
/etc/eucalyptus/eucalyptus.conf	Konfigurationsdatei von Eucalyptus
/var/lib/eucalyptus/db	Tabellen der Eucalyptus-Datenbank
/var/lib/eucalyptus/keys	Schlüsselpaare der Kunden
/var/lib/eucalyptus/bukkits	S3-Buckets von Walrus
/var/lib/eucalyptus/volumes	EBS-Volumen des Storage Controller

5.3.1 Robustheit der Infrastruktur

Die Robustheit einer Cloud-Infrastruktur auf Basis von Eucalyptus ist nicht für Produktionsumgebungen geeignet. Der Ausfall zentraler und für den Betrieb notwendiger Komponenten, wie z.b. des CLC, kann nicht durch einen redundanten Betrieb der Dienste abgefangen werden, da in einer auf Eucalyptus basierenden privaten Cloud nur exakt ein CLC und pro Standort (Cluster) nur exakt ein CC existieren darf.

5.3.2 Skalierbarkeit der Infrastruktur

Die Position der Datenbank auf dem Server mit dem CLC und die verwendete HSQLDB kann bei einer wachsenden Anzahl an NCs, Images, Instanzen und Benutzern zum Flaschenhals werden. Das Ersetzen der HSQLDB durch eine leistungsfähigere, eventuell Cluster-fähige Datenbanklösung ist nicht möglich. Dadurch ist es ebenfalls nicht möglich, die Verfügbarkeit der Datenbank durch den gleichzeitigen, redundanten Betrieb mehrerer Datenbankinstanzen oder die Leistungsfähigkeit durch verteilte Datenhaltung zu erhöhen. Zudem verwendet Eucalyptus die HSQLDB als In-Memory-Datenbank, die bei jedem Neustart des CLC neu erzeugt wird.

Ein Faktor, der die Skalierbarkeit einschränkt, ist der Speicherort der Images und der Zugriff der NCs darauf. Die übliche Vorgehensweise von Eucalyptus ist, dass vor dem Start einer Instanz auf einem NC von diesem selbst überprüft wird, ob die nötigen Images für Betriebssystem, Kernel und die eventuell notwendige Ramdisk[9]

---

[9] Alle Betriebssysteme benötigen für Hardwarezugriffe geeignete Treiber, die entweder direkt im Kernel integriert sind oder als dynamisch ladbare Module vorliegen können. Da der Kernel während des Systemstarts vollständig in den Hauptspeicher passen muss und der adressierbare

lokal vorhanden sind. Wurde eine solche Instanz bereits zu einem früheren Zeitpunkt auf dem NC gestartet, liegen die Images lokal bereit. Vor dem erstmaligen Start einer Instanz werden die Images via Secure Copy (SCP) auf den NC kopiert. Das Kopieren mit SCP ist auch der Grund dafür, warum das erstmalige Starten virtueller Maschinen, deren Image mehrere GB groß sein kann, bei Eucalyptus mehrere Minuten dauert, während es bei Amazon EC2 nur wenige Sekunden[10] dauert. Um den Zugriff auf die Images zu beschleunigen, wurden diese vom CLC/CC entfernt und auf ein SAN-Laufwerk (Storage Area Network) mit einer Kapazität von 1 TB ausgelagert. Das Laufwerk wurde mit dem Dateisystem OCFS2 (Oracle Cluster File System) ausgestattet und dieses auf allen NCs importiert. Somit sind alle Images auf allen NCs automatisch zugreifbar. Ist der Einsatz verteilter Dateisysteme nicht möglich oder gewünscht, steht mit BitTorrent als Alternative zu SCP eine besser skalierende Lösung zur Verteilung der Images auf die Knoten zur Verfügung [62].

5.3.3 Erweiterbarkeit der Infrastruktur

Die Erweiterung des Java-Quelltextes von Eucalyptus ist wegen der Komplexität und der Tatsache, dass nicht der komplette Quelltext frei ist, schwierig [46]. Eine mögliche Erklärung dafür ist, dass Eucalyptus Systems Inc. kein Interesse am Entstehen alternativer Entwicklungszweige hat. Da eigene Veränderungen am Quelltext eine kontinuierliche Pflege in neue Versionen von Eucalyptus erfordern, empfiehlt es sich, Erweiterungen, wenn möglich, als externe Lösungen bzw. Werkzeuge zu realisieren.

Ein Beispiel für eine Erweiterung ist das System zur dynamischen Erzeugung virtueller Maschinen Images, dessen Entwicklung und Integration in die Eucalyptus-Infrastruktur am SCC zwischen März und Juli 2009 erfolgte [59]. Die Standardarbeitsweise mit Images, bei der die Kunden lokal virtuelle Maschinen Images erzeugen oder fertige Images herunterladen und gegebenenfalls anpassen, um sie anschließend vom Administrator der Infrastruktur importieren zu lassen, ist zeitaufwendig und er-

---

Hauptspeicher während des Starts begrenzt ist, ist die Menge der fest einkompilierten Treiber beschränkt. Durch eine Ramdisk im Hauptspeicher können beim Systemstart dynamisch ladbare Module dem Kernel verfügbar gemacht werden, bevor die physischen Laufwerke wie Festplatten eingebunden sind.

[10]Der Zeitaufwand, eine Instanz in EC2 zu starten, ist neben der Größe des Images und dem Instanztyp davon abhängig, wo sich das Image befindet. Images können in EC2 im S3-basierten Instance Store oder in EBS vorliegen. Das Starten von Instanzen, deren Image im Instance Store liegt, dauert nur wenige Sekunden. Liegt das Image in EBS kann es einige Minuten dauern.

fordert mehrere manuell auszulösende Schritte. Auf Basis von rBuilder [161] wurde eine Webanwendung entwickelt, mit der die Kunden ein Betriebssystem und zusätzliche Anwendungssoftware auswählen und in ein Image integrieren können. So erzeugte Images werden im Hintergrund mit Hilfe der Kommandozeilenwerkzeuge automatisch erzeugt und in der Infrastruktur registriert.

Da Eucalyptus die Schnittstelle von EC2 und die Speicherdienste Walrus und SC die Schnittstellen von S3 bzw. EBS anbieten, können die Kunden bei der Entwicklung eigener Werkzeuge auf etablierte Schnittstellen und Bibliotheken (siehe Tabelle 5.2) zurückgreifen.

Tabelle 5.2: Auswahl an Bibliotheken zur Interaktion mit den AWS

Bibliothek	Sprache	Unterstützte Dienste der AWS
amazon-ec2 [104]	Ruby	EC2, ELB, RDS
Amazon::EC2 [72]	Perl	EC2
Amazon::S3 [74]	Perl	S3
AWS::S3 [79]	Ruby	S3
boto [82]	Python	EBS, EC2, ELB, S3, SimpleDB, SQS, RDS
ColdFusion [90]	PHP	CloudFront, EC2, S3, SimpleDB, SQS
jets3t [131]	Java	S3
RightScale Gems [118]	Ruby	EBS, EC2, ELB, S3, SimpleDB, SQS, RDS
typica [199]	Java	EC2, SimpleDB, SQS
Zend Framework [114]	PHP	EC2, S3, SQS

5.4 Evaluation der Rechenleistung

Um die Rechenleistung einer auf Eucalyptus basierenden Infrastruktur zu bewerten, wurde diese im August 2009 am SCC gemessen und mit Amazon EC2 verglichen [12]. Eucalyptus verwendet für seine Instanztypen das identische Namensschema wie EC2, allerdings mit unterschiedlichen Ressourcenzuteilungen. Ein weiterer Unterschied ist, dass in Eucalyptus nur die fünf Instanztypen `m1.small`, `c1.medium`, `m1.large`, `m1.xlarge` und `c1.xlarge` implementiert sind, während EC2 (Stand: März 2011) elf Instanztypen (siehe Tabelle 4.2) anbietet. Zum Zeitpunkt der Untersuchung bot EC2 nur die fünf hier genannten und ausgewerteten Instanztypen an.

Im Gegensatz zu EC2 kann bei Eucalyptus die Ausstattung der Instanztypen an die Anforderungen der Kunden angepasst werden. Die Definition zusätzlicher Instanztypen ist jedoch nicht möglich. Hinzu kommt, dass bei der untersuchten Infrastruktur mit Eucalyptus die Architektur für alle Instanztypen identisch ist, da alle Instanztypen auf die gleichen physischen Rechner zugreifen. Für die Tests wurden die Instanztypen von Eucalyptus mit der gleichen Anzahl an CPU-Kernen und Hauptspeicher ausgestattet, wie Amazon dieses bei EC2 vorsieht. Die private Cloud basierte auf den auf Seite 38 beschriebenen HP ProLiant Blade-Servern. Auf welchen Prozessoren die physischen Server der untersuchten Instanztypen in EC2 basieren und welche Taktfrequenz diese Prozessoren haben, ist nicht bekannt.

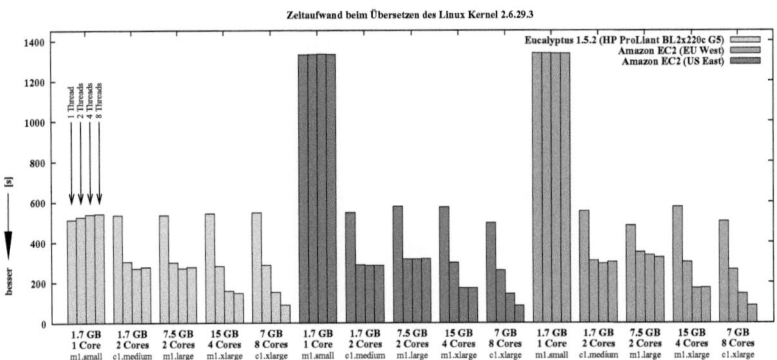

Abbildung 5.2: Rechenleistung der privaten Cloud im Vergleich zu EC2

Um die Rechenleistung zu ermitteln, wurde der Linux Kernel 2.6.29.3 mit einem, zwei, vier und acht Threads unter Debian 5.0 mit dem GNU C Compiler (GCC) 4.4.3 übersetzt (siehe Abbildung 5.2). Die Anzahl der zu startenden Threads kann bei **make** als Argument festgelegt werden. Das Messung der für das Übersetzen nötigen Zeit erfolgte mit dem Kommando **time**[11]. Das Übersetzen des Linux Kernels ist zeitaufwendig und gut parallelisierbar und daher zur vergleichenden Analyse der Rechenleistung geeignet. Zum Zeitpunkt der Untersuchung bot EC2 ausschließlich die beiden untersuchten Regionen US East und EU West.

---

[11]time make -j<Anzahl_der_Threads>

5.4.1 Ergebnisse der Leistungsevaluation

Aus den Ergebnissen in Abbildung 5.2 geht hervor, dass die „höheren" Instanztypen von den zusätzlichen Prozessor-Kernen profitieren, wenn mehrere Threads gleichzeitig laufen. Wegen des Thread-Overheads ist es aber nicht sinnvoll, mehr Threads zu verwenden als virtuelle oder physische Prozessor-Kerne verfügbar sind. Die Ergebnisse zeigen auch, dass die Infrastruktur mit Eucalyptus für alle Instanztypen die identische physische Hardware verwendet denn ein einzelner Prozessorkern hat in allen Instanzklassen die gleiche Rechenleistung. Abweichungen sind auf Hintergrundprozesse zurückzuführen. Im Gegensatz dazu ist die Rechenleistung der Instanzen des Typs m1.small in Amazon EC2 im Vergleich zu den anderen Instanztypen deutlich geringer. Es ist anzunehmen, dass die Auslastung der Rechner, auf denen Amazon diese Instanzen betreibt, zum Zeitpunkt der Messung höher ist, als in der Infrastruktur mit Eucalyptus. Eine weitere Erkenntnis ist, dass der verfügbare Hauptspeicher keinen sichtbaren Einfluss auf die Rechenleistung und speziell hier auf den Zeitaufwand beim Übersetzen des Kernels hat.

Die Rechenleistung aktueller Mehrkernprozessoren ermöglicht es, mit Eucalyptus einen privaten Infrastrukturdienst aufzubauen, der nicht nur von den Schnittstellen her zu den populärsten Diensten der AWS kompatibel ist, sondern auch eine vergleichbare Rechenleistung bietet.

5.5 Fazit zur Verwaltung der Rechenleistung mit Eucalyptus

Eucalyptus bietet die Funktionalität von EC2, und die Rechenleistung einer auf Eucalyptus basierenden Infrastruktur entspricht den Erwartungen.

Nachteilig ist, dass Eucalyptus nicht alle nötigen administrativen Tätigkeiten unterstützt. So kann man zwar im laufenden Betrieb Kundenkonten, Images und NCs hinzufügen und entfernen, Eucalyptus selbst ohne Datenverlust aktualisieren sowie bestimmte Komponenten der Infrastruktur (z.B. den CC und die NCs) ohne negative Auswirkungen auf den laufenden Betrieb neu starten. Der Neustart des CLC aber hat dahingehend negative Auswirkungen, dass die Metainformationen der Instanzen verloren sind und eventuell IP-Adressen doppelt vergeben werden. Die Migration von Instanzen zwischen Knoten wird von Eucalyptus nicht unterstützt, und nicht alle Tabellen der Datenbank können gesichert werden.

Die Erfahrungen mit Eucalyptus sind, dass die Robustheit des Infrastrukturdienstes nicht für Produktionsumgebungen geeignet ist. Auch die Skalierbarkeit der Infrastruktur, insbesondere der verwendeten Datenbank HSQLDB, ist schwach. Der Quelltext ist nicht komfortabel erweiterbar. Hier bietet sich aber wegen der etablierten Schnittstellen und verfügbaren Werkzeuge und Bibliotheken der Einsatz bzw. die Entwicklung externer Werkzeuge an.

Kapitel 6

Speicherverwaltung

Neben der Rechenleistung stellt Speicherplatz eine weitere Ressource dar, die für den Aufbau eines Cloud-Marktplatzes wichtig ist. In diesem Kapitel werden die verschiedenen Möglichkeiten der Datenhaltung in Clouds sowie unterschiedliche Dienste und Lösungen, die Speicher verwalten und für die Kunden nutzbar machen, diskutiert. Verschiedene Möglichkeiten redundanter Datenhaltung werden im Bezug auf ihre Leistungsfähigkeit evaluiert und geeignete Dienste und Werkzeuge konzipiert sowie realisiert.

6.1 Datenhaltung in Cloud-Infrastrukturen und Speicherdiensten

Die Verwaltung von Datenspeicher in Clouds und dessen Bereitstellung als Dienst ist auf verschiedenen Wegen möglich. Eine Übersicht der Speichermöglichkeiten für die AWS und deren Vor- und Nachteile enthält Tabelle 6.1. Daten können in Instanzen im instanzeigenen Festplattenspeicher abgelegt werden. Dieses Vorgehen ist einfach in der Durchführung, hat aber verschiedene Nachteile. So ist die Kapazität innerhalb einer Instanz üblicherweise eingeschränkt und alle Änderungen seit dem Start der Instanz sind bei deren Terminierung verloren. Auf Daten im instanzeigenen Festplattenspeicher einer Instanz kann nur zugegriffen werden, wenn die Instanz läuft, da alle Zugriffe über das laufende Betriebssystem der Instanz gehen müssen. Abhängig von der konkreten Anwendung kann das negative Auswirkungen auf die Zugriffsgeschwindigkeit haben.

Tabelle 6.1: Möglichkeiten der Datenspeicherung in den AWS

	Instanzspeicher	EBS	S3
Art der Datenspeicherung	blockbasiert	blockbasiert	objektbasiert
Persistente Speicherung	nein	ja	ja
Unabhängig von Instanzen	nein	nein	ja
Software-RAID möglich	nein	ja	nein
Beliebiges Dateisystem	nicht auf der Bootpartition	ja	—

Eine Möglichkeit persistenter Datenspeicherung sind elastische EBS-Volumen, die wie der instanzeigene Festplattenspeicher blockbasiert arbeiten und sich wie eine unformatierte Festplatte verhalten. Ein Volumen kann ein beliebiges Dateisystem enthalten und die Kunden können neue Volumen zu jeder Zeit erzeugen und ihre Volumen an eigene Instanzen anhängen bzw. von diesen wieder lösen. Volumen bleiben so lange erhalten, bis der Besitzer diese explizit entfernt. Ein Volumen kann immer nur an genau eine Instanz in EC2 angehängt sein. Eine weitere Voraussetzung ist, dass Instanz und Volumen sich innerhalb der gleichen Verfügbarkeitszone befinden müssen. Der Datendurchsatz und/oder die Verfügbarkeit kann dadurch erhöht werden, dass einer Instanz mehrere Volumen zugewiesen und diese via Software-RAID miteinander verbunden sind.

Auch die Speicherdienste S3 und Google Storage sowie Lösungen zum Aufbau eigener Speicherdienste wie Walrus und Cumulus ermöglichen persistente Datenspeicherung. Daten werden hier als Webobjekte gespeichert und der Zugriff ist über das Internet unabhängig von Instanzen möglich. Der Einsatz von Dateisystemen ist nicht vorgesehen und nur innerhalb eines Webobjekts mit Werkzeugen wie s3fs [169], SubCloud [185] oder TntDrive [195] möglich.

Neben den in Tabelle 6.1 angegebenen Möglichkeiten der Datenspeicherung existieren noch Datenbankdienste wie der Relational Database Service (RDS) und SimpleDB. Diese Dienste sind primär für Spezialanwendungen geeignet, da sie tabellenorientiert arbeiten. Block- und objektbasierte Speicherdienste sind hingegen universeller einsetzbar.

6.2 Evaluation der Speichergeschwindigkeit

Um die Speichergeschwindigkeit einer auf Eucalyptus basierenden Infrastruktur zu bewerten, wurde der Datendurchsatz bei sequentiellem und wahlfreiem Speicherzugriff gemessen und mit dem Durchsatz in Amazon EC2 verglichen [12]. Ein weiteres untersuchtes Kriterium ist die Speichergeschwindigkeit des lokalen Festplattenspeichers der Instanzen und von EBS-Volumen. Die in der Eucalyptus-Installation eingesetzten Blade-Server sind mit lokalen SATA[1]-Festplatten im Format 2,5" mit 7200 RPM[2] und 320 GB Kapazität ausgestattet. Während der Untersuchung der Speichergeschwindigkeit befanden sich die Volumen auf dem Server mit den Diensten CLC, CC, Walrus und Storage Controller. Ein Speichernetzwerk (SAN) kam bei diesen Untersuchungen nicht zum Einsatz. Zugriffe auf die Volumen erfolgten über das 10 Gigabit Ethernet-Netzwerk des Bladecenters von den NCs zum Storage Controller.

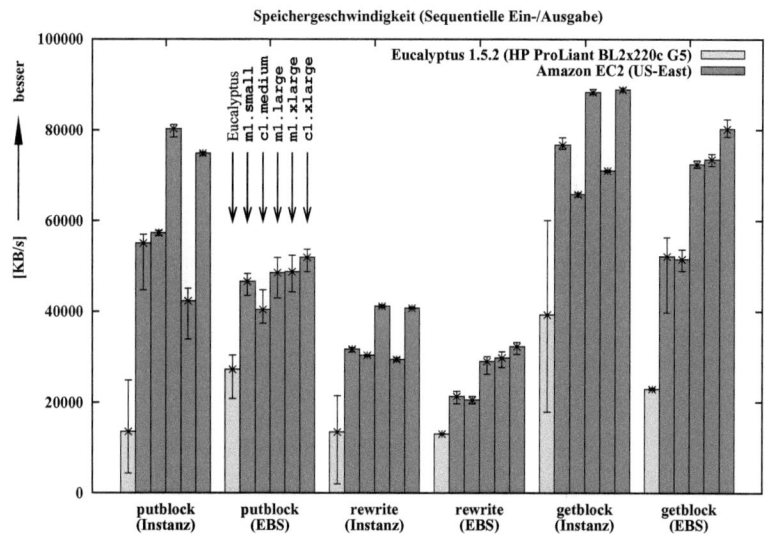

Abbildung 6.1: Sequentielle Speichergeschwindigkeit

---
[1] Serial Advanced Technology Attachment ist ein serieller Bus für den Anschluss von Festplatten.
[2] RPM steht für *Revolutions per Minute*, also Umdrehungen pro Minute

Das Messen der Speichergeschwindigkeit erfolgte mit dem Kommandozeilenwerkzeug `bonnie++` [81]. Alle Messungen wurden acht Mal durchgeführt. In den Auswertungen in Abbildung 6.1 und 6.2 sind neben dem Mittelwert auch die Extremwerte angegeben. Da alle Instanztypen in der Infrastruktur mit Eucalyptus auf den gleichen physischen Servern laufen, wurde für Eucalyptus nur eine Instanzklasse gemessen. Zum Zeitpunkt der Untersuchung (September 2009) bot EC2 nur die fünf hier genannten und ausgewerteten Instanztypen `m1.small`, `c1.medium`, `m1.large`, `m1.xlarge` und `c1.xlarge` an. Wie die Messungen der sequentiellen Speichergeschwindigkeit zeigen, bietet Amazon EC2 in der amerikanischen Region US-East für alle Instanztypen eine bessere Leistung als die auf Eucalyptus basierende Infrastruktur (siehe Abbildung 6.1). Dieses Ergebnis ist in sofern bemerkenswert, da die Speichergeschwindigkeit des lokalen Festplattenspeichers der Instanzen sowie der Volumen für alle Instanztypen in EC2 besser ist als die der lokal verbauten Festplatte in der privaten Cloud. Um die Geschwindigkeit der privaten Cloud zu steigern, bietet sich der Einsatz schnellerer SAS[3]-Festplatten, von RAID-Systemen oder mehreren Festplatten mit einem verteilten Dateisystem wie OCFS2 an. Die einzelnen Instanztypen in Amazon EC2 unterscheiden sich bzgl. der sequentiellen Speichergeschwindigkeit kaum.

Bei den Messungen der Speichergeschwindigkeit bei wahlfreiem Zugriff wurden mit `bonnie++` leere Dateien erzeugt, auf diese zugegriffen und anschließend die Dateien wieder gelöscht (siehe Abbildung 6.2). In der Infrastruktur mit Eucalyptus ist die Geschwindigkeit des lokalen Festplattenspeichers der Instanzen im Vergleich zu den blockbasierten EBS-Volumen bei wahlfreiem Zugriff für alle untersuchten Kriterien besser. Der Grund dafür ist, dass der interne Speicher der Instanzen lokal auf den NCs liegt, während die Volumen auf dem Server mit den Diensten CLC, CC, Walrus und Storage Controller ablegt wurden, und somit Zugriffe auf Daten in Volumen immer über das Netzwerk gehen.

Die private Cloud ist im Vergleich zu allen Instanzklassen in EC2 beim wahlfreiem Zugriff auf Dateien in EBS-Volumen besser. Dieses Ergebnis muss aber unter dem Gesichtspunkt gesehen werden, dass während der Messungen in der privaten Cloud keine weiteren Instanzen liefen und die Server sowie das Netzwerk exklusiv zur Verfügung standen. Das wahlfreie Erzeugen und Löschen leerer Dateien in Volumen ist mit allen Instanzklassen in EC2 im Vergleich zur privaten Cloud schneller. Während die Ergebnisse von EC2 sehr konstant sind, weisen die Messwerte der loka-

---

[3]Serial Attached SCSI ist ein serieller Bus für den Anschluss von Festplatten.

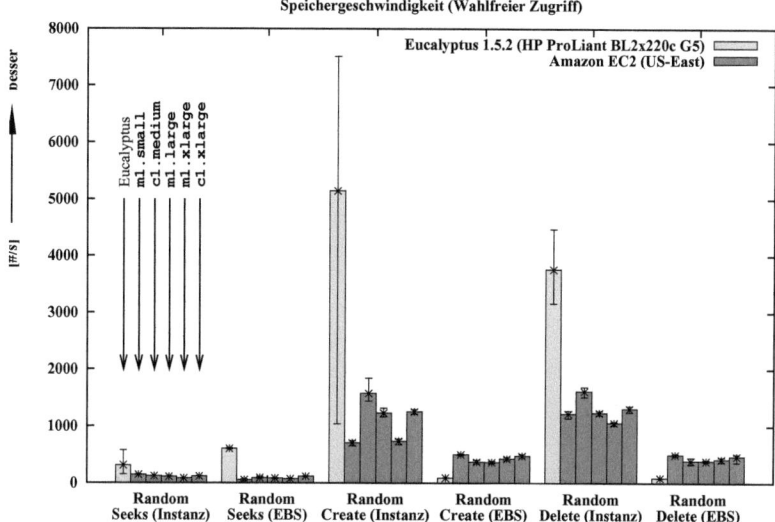

Abbildung 6.2: Wahlfreie Speichergeschwindigkeit

len Infrastruktur besonders bei wahlfreiem Zugriff offensichtliche Schwankungen auf. Der Speicher-Durchsatz der Infrastruktur mit Eucalyptus kann durch die Auswahl passender Speichersubsysteme leicht an höhere Anforderungen angepasst werden.

Messungen der Leistung in Amazon S3 in [37] ergaben, dass von Instanzen des Typs m1.large in der amerikanischen Region US-East beim Speichern und Abrufen von Objekten eine Datenrate von 10-12 MB/s erreicht wird. Das Speichern der Objekte verursacht einen Overhead, der laut den Messungen ca. 140 ms pro Objekt unabhängig von dessen Größe beträgt.

6.3 Direkter Zugriff mehrerer Knoten auf Daten

Soll in einer Cloud-Infrastruktur ein virtuelles verteiltes System (z.B. ein Cluster für Hochleistungsrechnen) mit gemeinsamem Speicher realisiert werden, ist ein Speicher notwendig, der den direkten Zugriff mehrerer Knoten auf die Daten ermöglicht. Der gemeinsame Speicher sollte fehlertolerant sein und einen möglichst hohen Datendurchsatz aufweisen.

Die Nutzung einer Instanz und ihres lokalen Festplattenspeichers mit einem Protokoll wie dem Network File System (NFS) oder Server Message Block (SMB) ist in Cloud-Infrastrukturen nicht ratsam. Bei der Terminierung einer Instanz gehen alle Änderungen an den Daten, die sich nicht schon im ursprünglichen Betriebssystem-Image befanden, verloren. Zusätzlich muss die Instanz für Zugriffe auf die Daten in ihrem lokalen Festplattenspeicher aktiv sein, was laufende Kosten verursacht.

EBS bietet persistenten Speicher, die Volumen können aber zu jeder Zeit nur an eine einzige Instanz angehängt sein. Aus diesem Grund ist der Einsatz von sogenannten Shared Storage-Dateisystemen in Amazon EC2 und vergleichbaren Infrastrukturlösungen prinzipiell nicht möglich. Soll ein einzelnes Volumen als Basis eines gemeinsamen Speichers verwendet werden, müssten die Zugriffe der beteiligten Knoten über die Instanz gehen, an der das EBS-Volumen angehängt ist. Zusätzlich wäre ein Server-Dienst zum Datenzugriff auf der Instanz notwendig, an der das Volumen angehängt ist.

Speicherdienste, die zu S3 kompatibel sind, speichern die Daten nicht blockbasiert sondern objektbasiert. Ein Vorteil ist, dass auf die gespeicherten Webobjekte immer und von überall zugegriffen werden kann. Objektbasierte Datenspeicherung ist aber nicht für alle Anwendungen sinnvoll oder möglich. Der Zugriff auf Webobjekte ist zudem mit einem Overhead verbunden, der z.B. bei eng gekoppelten Anwendungen aus dem Hochleistungsrechnen abhängig von den konkreten Anforderungen nicht immer akzeptiert wird.

Eine Möglichkeit, die Datenhaltung und den Zugriff auf Daten in Cloud-Infrastrukturen zu optimieren, ist der Einsatz verteilter Dateisysteme, die sich über mehrere EBS-Volumen erstrecken.

6.4 Verteilte Dateisysteme

Dateisysteme ermöglichen die strukturierte Datenspeicherung auf persistenten Datenspeichern und sollen einen möglichst hohen Datendurchsatz, Datensicherheit und einen schonenden Umgang mit den Speicherressourcen gewährleisten. Bei der Entwicklung von Dateisystemen liegt besonderes Augenmerk auf den Eigenschaften der physischen Datenträger, für die das Dateisystem ausgelegt ist. So existieren neben den bekannten Dateisystemen für Festplattenspeicher auch solche speziell für Flash-Speicher [47] und CD/DVD-Speichermedien. Neben diesen auf lokale Anwendungen beschränkten Dateisystemen existieren für verteilte Umgebungen geeignete Dateisysteme. Diese werden in Shared Storage[4]-Dateisysteme und verteilte Dateisysteme mit verteiltem Speicher unterschieden.

Bei Shared Storage-Dateisystemen müssen alle Knoten direkten Zugriff auf den Speicher haben. Es muss also ein Speichernetzwerk (SAN) existieren, um diese Dateisysteme einzusetzen. Beispiele für Shared Storage-Dateisysteme sind das Oracle Cluster File System (OCFS2) [146], IBM General Parallel File System (GPFS) [122], Global File System (GFS2) [119] und VMware VMFS (Virtual Machine File System). Verteilte Dateisysteme mit verteiltem Speicher sind u.a. LUSTRE [137], Andrew File System (AFS), Ceph, HDFS, PVFS2 und GlusterFS. LUSTRE eignet sich nicht für Cloud-Infrastrukturen, da dieses Dateisystem speziell vorgefertigte Linux-Kernel voraussetzt und deren Integration in Infrastrukturdienste nicht immer möglich ist.

Ein wichtiges Kriterium verteilter Dateisysteme ist die redundante Datenhaltung (siehe Tabelle 6.2) der Nutzdaten. Redundante Datenhaltung erhöht die Datensicherheit, führt aber je nach Implementierung zu einem geringeren Datendurchsatz beim Schreiben. Bei Shared Storage-Dateisystemen fällt die Redundanz in den Aufgabenbereich des Speichersubsystems. Bei verteilten Dateisystemen mit verteiltem Speicher muss mit dem Ausfall einzelner Knoten gerechnet werden. Darum ist in solchen Dateisystemen häufig redundante Datenhaltung implementiert, unabhängig von der Redundanz der physischen Speichersysteme in den Knoten. Redundante Datenhaltung der Nutzdaten bieten u.a. Ceph, GlusterFS und HDFS. Keine Redundanz bieten u.a. NFS und PVFS2. GlusterFS kann wahlweise mit und ohne redundante Datenhaltung eingesetzt werden.

Ein weiteres Kriterium, das die Konsistenz der Daten und den Durchsatz eines verteilten Dateisystems beeinflusst, ist das Cache-Verhalten der Clients. Existiert ein Cache im Client, verbessert das die Schreibgeschwindigkeit. Das Dateisystem muss aber sicherstellen, dass die Daten in den Caches und deren Änderungen synchron gehalten werden. Aus diesem Grund verwenden einige verteilte Dateisysteme wie GlusterFS und PVFS2 keinen Cache in den Clients.

---

[4]Shared Storage-Dateisysteme werden auch als Shared Disk-Dateisysteme bezeichnet.

Tabelle 6.2: Auswahl verteilter Dateisysteme mit verteiltem Speicher

Name	Lizenz	Redundante Datenhaltung	Cache im Client	POSIX konform	Blockgröße (Standard)
Ceph	LGPL	ja	ja	ja	4 MB
GlusterFS	AGPL	möglich	nein	ja	128 kB
HDFS	Apache	ja	nein	nein	64 MB
PVFS2	LGPL	nein	nein	teilweise	64 kB
NFS	GPL v2	nein	nein	nein	—

Um ein Dateisystem flexibel und mit den populären Werkzeugen und Betriebssystemen einsetzen zu können, muss es zum POSIX-Standard (Portable Operating System Interface [for Unix]) konform sein. POSIX definiert neben einer Schnittstelle eine Semantik für Anwendungen, um auf Dateisysteme zuzugreifen. Die Realisierung einiger POSIX-Regeln ist in einem verteilten System aufwendig. Ein Beispiel ist, dass gemäß POSIX Änderungen an einer Datei sofort für alle laufenden Prozesse sichtbar sein müssen. Das Erfüllen dieser Bedingung führt zu einem Overhead an Netzwerkkommunikation zwischen den Knoten. Um den Netzwerkoverhead zu reduzieren, sind nicht alle verteilten Dateisysteme POSIX-konform.

Alle verteilten Dateisysteme unterteilen die Daten in Blöcke[5] gleicher Größe, die auf den beteiligten Speicherpunkten verteilt abgelegt werden. Die standardmäßige Blockgröße (siehe Tabelle 6.2) ist bei den Dateisystemen verschieden und kann häufig frei festgelegt werden. Je größer die Blöcke, desto geringer ist der Netzwerkoverhead aber desto größer ist die interne Fragmentierung, also der Speicherverlust. Da NFS ein Protokoll und kein Dateisystem ist, wird die Blockgröße vom darunterliegenden Dateisystem festgelegt.

6.4.1 Untersuchte verteilte Dateisysteme

In dieser Arbeit werden die verteilten Dateisysteme Ceph, GlusterFS, PVFS2, HDFS bzgl. ihrer Eignung und Leistungsfähigkeit für Cloud-Infrastrukturen untersucht. Zusätzlich wird das Protokoll NFS wegen seiner gewachsenen Stabilität, Verbreitung und einfachen Installation hinzugezogen.

---

[5]Die Blöcke gleicher Größe werden auch als Chunks oder Stripes bezeichnet.

GlusterFS

GlusterFS [120] nutzt existierende Speicherressourcen mit Dateisystemen wie Ext3 oder XFS und fasst diese serverübergreifend zu einem Cluster zusammen. Das Dateisystem unterstützt unterschiedliche Betriebsmodi. Dazu gehört neben der Spiegelung der Daten zur Erhöhung der Datensicherheit auch das Verteilen der Daten zur Erhöhung des Datendurchsatzes. Somit lässt sich ein virtueller RAID-Verbund über das Netzwerk realisieren. Da das Dateisystem die Nutzdaten und Metadaten[6] speichern kann, ist es potenziell fehlertolerant. Die drei Komponenten Datenpartition, Übersetzer und Client realisieren die benötigten Funktionen. Ein Server hält die Datenpartitionen mit den Nutzdaten vor. Der Client bindet die Datenpartitionen lokal ein. Die Übersetzer laufen auf der Seite der Clients und des Servers und implementieren u.a. die Transportprotokolle TCP/IP und Infiniband. Mit den Übersetzern wird u.a. auch der Grad der Redundanz und das (emulierte) RAID-Level realisiert. In GlusterFS gibt es keine dedizierten Server zur Speicherung der Nutz- und Metadaten. Die Speicherung der Metadaten erfolgt in den Datenpartitionen.

Ceph

In Ceph [85] werden die Daten transparent repliziert, um Fehlertoleranz zu gewährleisten und einen Single Point of Failure zu vermeiden [7]. Die Aufgabenbereiche des Servers übernehmen drei unterschiedliche, im Hintergrund laufende Prozesse [67]. Die Cluster Monitore erfassen die aktiven und ausgefallenen Knoten im Cluster. Auf den Metadata Servern (MDS) liegen die Metadaten, und die Nutzdaten werden mehrfach redundant auf auf den Object Storage Devices (OSDs) abgelegt. Ein OSD kann auf existierende Speicherressourcen mit beliebigen Dateisystemen, Festplattenpartitionen und Datei-Images zugreifen. Werden Knoten entfernt oder hinzugefügt, führt das zu einer automatischen Neubalancierung der OSDs, mit dem Ziel, die Auslastung auf den Knoten anzugleichen und die Daten redundant vorzuhalten. Besteht ein Cluster nur aus wenigen Knoten, können alle drei Hintergrundprozesse auf den Knoten parallel laufen. Ansonsten ist es üblich, die Hintergrundprozesse auf eigenen, dedizierten Maschinen zu betreiben. Die Clients interagieren direkt mit den Hintergrundprozessen.

---

[6]Die Metadaten einer Datei sind u.a. die Dateigröße, Besitzer- und Gruppenzugehörigkeit, Zugriffsrechte und vor allem die physische Lokation der Datei.

Parallel Virtual File System, Version 2 (PVFS2)

Wie GlusterFS integriert PVFS2 [159] Speicherressourcen mit eigenen Dateisystemen zu einem virtuellen, verteilten Dateisystem und unterstützt PVFS2 unterschiedliche Betriebsmodi. Dazu gehört die Verteilung zur Erhöhung des Durchsatzes und Spiegelung zur Erhöhung der Datensicherheit. PVFS2 unterscheidet zwischen Server und Client. Ein Server kann als Daten-Server und als Metadaten-Server arbeiten. Jeder Knoten eines PVFS2-Clusters kann eine, zwei oder alle drei Rollen erfüllen [21]. Der Client enthält keinen Cache und das Dateisystem speichert die Daten nicht redundant. Mit PVFS2 wird lediglich Speicherkapazität über Rechnergrenzen hinweg zu einem großen Datenspeicher zusammengefasst und Nutzdaten gleichmäßig auf den Knoten verteilt.

Hadoop Distributed File System (HDFS)

HDFS [125] ist eine freie Reimplementierung des Google File System (GFS). Von Google ist bekannt, dass die verwendeten Cluster aus kostengünstiger Standardhardware bestehen. Daher ist der Ausfall einzelner Knoten keine Ausnahme, sondern der Normalfall [31] und Fehlertoleranz ein wichtiges Ziel von GFS und HDFS. Weitere Ziele sind das einfache Hinzufügen neuer Knoten und dass das Dateisystem mit Datenmengen im Petabyte-Bereich umgehen kann. Die Speicherung der Nutzdaten ist Aufgabe der Data-Nodes. Die Speicherung und Verwaltung der Metadaten ist hingegen Aufgabe des Name-Nodes, der exakt ein Mal innerhalb eines HDFS-Clusters existiert und alle Dateien und Verzeichnisse im Cluster kennt. Zusätzlich muss der Name-Node die Blöcke der Dateien erfassen und wissen, auf welchen Data-Nodes die Blöcke abgelegt sind. Da der Name-Node nur ein Mal innerhalb eines Clusters existiert, stellt er einen Single Point of Failure dar. Datensicherheit wird durch die dreifache Replikation der Nutzdaten auf unterschiedlichen Knoten sichergestellt. Fällt ein Knoten aus, weist der Name-Node die erneute Replikation der betroffenen Datenblöcke an. Eine Besonderheit ist die Blockgröße von 64 MB. Die entstehende interne Fragmentierung wird zugunsten des geringeren Netzwerkoverheads in Kauf genommen. HDFS ist nicht kompatibel zu POSIX und unterstützt ausschließlich wahlfreien lesenden Zugriff und sequentiell schreibenden Zugriff [124].

Network File System (NFS)

NFS ist ein Protokoll[7], das den Zugriff auf Dateien über ein Netzwerk definiert. Für jede NFS-Freigabe existiert ein Server, der das Dateisystem vorhält. Der Server stellt den Single Point of Failure dar und NFS ist somit nicht fehlertolerant. NFS ist auch nicht POSIX-konform. Erst wenn alle Änderungen an einer Datei und deren Metadaten auf den Server übertragen wurden, schließt der Client die Datei und die Änderungen sind für die übrigen Clients sichtbar.

6.4.2 Evaluation der Speichergeschwindigkeit

Um den Speicherdurchsatz der verteilten Dateisysteme mit verteiltem Speicher zu bewerten, wurde im September 2009 der Datendurchsatz beim Lesen und Schreiben mit GlusterFS, PVFS2, Ceph und NFS in Amazon EC2 gemessen [12]. Die Messungen erfolgten mit dem Kommandozeilenwerkzeug IOzone [130]. Da in Clouds mit wissenschaftlichem oder privatwirtschaftlichem Hintergrund häufig große Datenmengen im Petabyte-Bereich gespeichert und verarbeitet werden, liegt der Schwerpunkt der Untersuchungen auf dem Durchsatz beim sequentiellen Lesen und Schreiben für unterschiedliche Transfer- und Dateigrößen.

Eine Leistungsuntersuchung von HDFS war weder mit IOzone noch mit `bonnie++` möglich, da beide Werkzeuge POSIX-Operationen durchführen, die von HDFS nicht unterstützt werden. Da GlusterFS mit und ohne redundante Speicherung der Nutzdaten arbeiten kann, wurden beide Szenarien untersucht.

Die Abbildungen 6.3 und 6.4 zeigen die Durchsatzraten von NFS beim sequentiellen Lesen und Schreiben. Für die Messungen wurden zwei Instanzen innerhalb der gleichen Verfügbarkeitszone gestartet, wovon eine Instanz die Rolle des Servers und die andere Instanz die Rolle des Clients erfüllte. Beide Instanzen basierten auf dem gleichen Image und waren dem gleichen Instanztyp zugeordnet. Der Durchsatz beim sequentiellen Lesen ist in den allermeisten Testfällen von CPU-Cache und Pufferspeicher[8] verfälscht. Da der verwendete Instanztyp `m1.small` (siehe Tabelle 4.2) über 1,7 GB Hauptspeicher verfügt, und auf den Instanzen ausschließlich die Leistungs-

---

[7]Mit NFS vergleichbare Protokolle zum Datenzugriff über ein Netzwerk sind der Server Message Block (SMB) und das Apple Filing Protocol (AFP).

[8]Der Pufferspeicher (Buffer Cache) ist ein Zwischenspeicher für Festplattenblöcke und wird vom verwendeten Betriebssystem realisiert. Der Linux Kernel nutzt den gesamten verfügbaren, freien Hauptspeicher als Pufferspeicher.

messungen liefen, kommt der Pufferspeicher fast über den gesamten Messbereich zum Tragen. Unverfälschte Messwerte für das sequentielle Lesen mit NFS liegen ausschließlich für die Dateigröße 2 GB vor.

Wegen des Maßstabs in Abbildung 6.3 sind die Messwerte für die Dateigröße 2 GB nicht ersichtlich. Aus diesem Grund enthält Tabelle 6.3 die Messwerte mit einer Transfergröße von 64 kB bis 16 MB bei einer Dateigröße von 32 MB bis 2 GB. Interessant ist der Einbruch bei 2 GB Dateigröße (in der Tabelle hervorgehoben) im Gegensatz zu 1 GB Dateigröße. Der Datendurchsatz fällt teilweise um den Faktor 10 ab. Wie zuvor durchgeführte Messungen (siehe Abbildung 6.1) gezeigt haben, ist in diesem Fall der begrenzende Faktor die Speichergeschwindigkeit des Speichersubsystems, auf das der Server zurückgreift, nämlich das dem Server zugewiesene EBS-Volumen. Die Messwerte in Abbildung 6.1 zeigen auch, dass beim direkten sequentiellen Lesen von Volumen an Instanzen des Instanztyps m1.small ein Datendurchsatz von ca. 60 MB/s erreicht wird.

Tabelle 6.3: Datendurchsatz [kB/s] von NFS beim sequentiellen Lesen (Ausschnitt)

Transfergröße [kB]	Dateigröße [kB]						
	32768	65536	131072	262144	524288	1048576	2097152
64	571796	696591	659637	634175	597211	700023	**64546**
128	605280	536845	591119	613364	617299	670330	**68160**
256	654482	607033	591827	654566	648222	695664	**64306**
512	546642	748461	768953	614909	594267	671774	**69516**
1024	449640	599778	708700	646780	636215	629369	**69294**
2048	480885	565354	631651	642780	561982	672599	**67038**
4096	484211	445907	456256	451443	453238	469228	**68369**
8192	387975	411113	375616	395869	397074	427585	**70390**
16384	416778	422134	377639	412973	413547	451710	**57757**

Beim sequentiellen Schreiben hat NFS einen geringeren Durchsatz im Vergleich zum Lesen, weil nach jedem Schreibzugriff eine sofortige Synchronisation angewiesen wird. Dadurch wird das Ergebnis nicht durch den Pufferspeicher verfälscht. Bei 64 kB bis 16 MB Transfergröße und 4 MB bis 2 GB Dateigröße liegt der Durchsatz bei 15–20 MB/s. Deutlich zu sehen ist der Einbruch des Durchsatzes bei einer Reduzierung der Dateigröße und der Transfergröße wegen des steigenden Netzwerkoverheads.

Die Abbildungen 6.5 und 6.6 zeigen die Durchsatzraten beim sequentiellen Lesen und Schreiben mit GlusterFS und redundanter Datenspeicherung. Für die Messun-

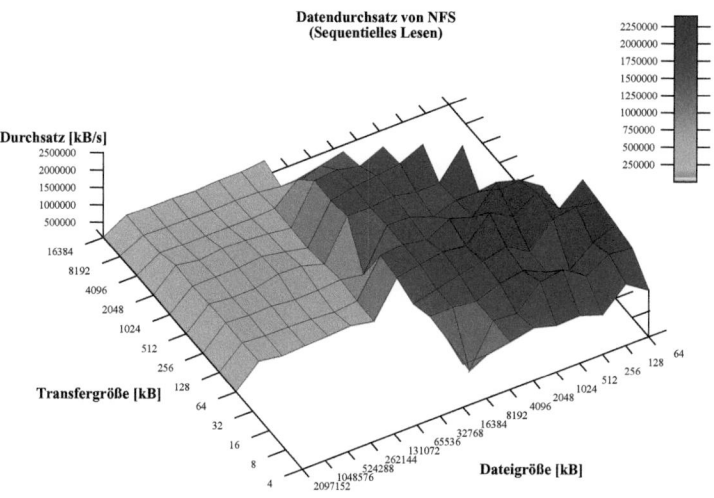

Abbildung 6.3: Datendurchsatz von NFS beim sequentiellen Lesen

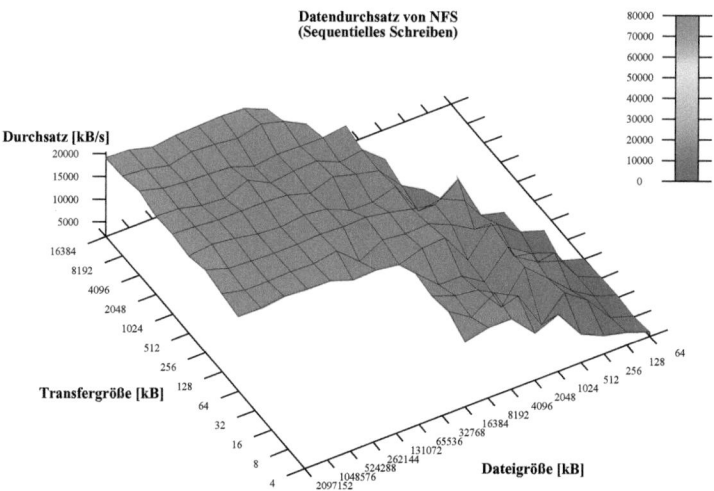

Abbildung 6.4: Datendurchsatz von NFS beim sequentiellen Schreiben

gen wurden mit einem Image drei Instanzen des gleichen Instanztyps innerhalb einer Verfügbarkeitszone gestartet, wovon zwei Instanzen die Rollen der Server und die verbliebene Instanz die Rolle des Clients erfüllte. Der Durchsatz beim sequentiellen Lesen wird auch bei GlusterFS bei einer geringen Transfer- und Dateigröße vom CPU-Cache und dem Pufferspeicher des Kernels verfälscht. Bei 8 MB bis 2 GB Dateigröße wird beim sequentiellen Lesen ein Datendurchsatz von ca. 40–60 MB/s erreicht. Beim sequentiellen Schreiben von 2 MB bis 2 GB Dateigröße und mindestens 64 kB Transfergröße liegt der Datendurchsatz in einem Bereich von ca. 20–30 MB/s. Auffallend ist das Abfallen des Durchsatzes bei Transfergrößen, die kleiner als 64 kB sind.

Die Abbildungen 6.7 und 6.8 zeigen die Datendurchsatzraten beim sequentiellen Lesen und Schreiben mit GlusterFS ohne redundante Speicherung der Nutzdaten. Beim Vergleich von Abbildung 6.5 und 6.7 bzw. Abbildung 6.6 und 6.8 ist ersichtlich, dass die charakteristischen Leistungsmerkmale von GlusterFS durch den Einsatz der redundanten Speicherung der Nutzdaten erhalten bleiben. Beim sequentiellen Lesen wirkt sich die redundante Speicherung insgesamt positiv auf den Durchsatz aus, während sich beim sequentiellen Schreiben die Redundanz insgesamt negativ auf den Durchsatz auswirkt. Gründe dafür sind, dass beim Lesen der anfallende Datentransfer auf mehrere Instanzen verteilt wird und dass die notwendige Synchronisation beim redundanten Schreiben einen Overhead erzeugt.

Die Abbildungen 6.9 und 6.10 enthalten die Datendurchsatzraten beim sequentiellen Lesen und Schreiben mit Ceph, wo automatisch eine redundante Speicherung der Nutzdaten erfolgt. Für die Messungen wurden erneut drei Instanzen aus dem identischen Image mit dem Instanztyp `m1.small` in der gleichen Verfügbarkeitszone gestartet, wovon zwei Instanzen die Rolle des Servers und die verbliebene Instanz die Rolle des Clients erfüllte. Der Durchsatz beim sequentiellem Lesen wird auch bei Ceph vom CPU-Cache und Pufferspeicher verfälscht. Wegen der 1,7 GB Hauptspeicher liegen wie bei NFS unverfälschte Messwerte für das sequentielle Lesen auch hier ausschließlich für 2 GB Dateigröße vor. Wegen des Maßstabs in Abbildung 6.9 sind die Messwerte für 2 GB Dateigröße nicht ersichtlich. Aus diesem Grund sind in Tabelle 6.4 die Messwerte mit 64 kB bis 16 MB Transfergröße bei 32 MB bis 2 GB Dateigröße dargestellt. Interessant ist auch hier der Einbruch bei 2 GB Dateigröße (in der Tabelle hervorgehoben) im Gegensatz zu 1 GB Dateigröße. Der Durchsatz bricht abhängig von der Transfergröße um den Faktor 10–20 ein. Der Abfall ist deutlicher als bei den Messungen mit NFS (siehe Tabelle 6.4).

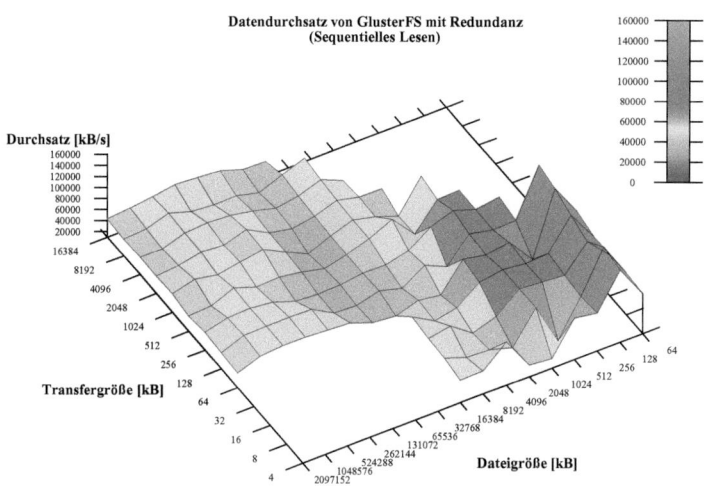

Abbildung 6.5: Datendurchsatz von GlusterFS beim sequentiellen Lesen mit redundanter Datenhaltung

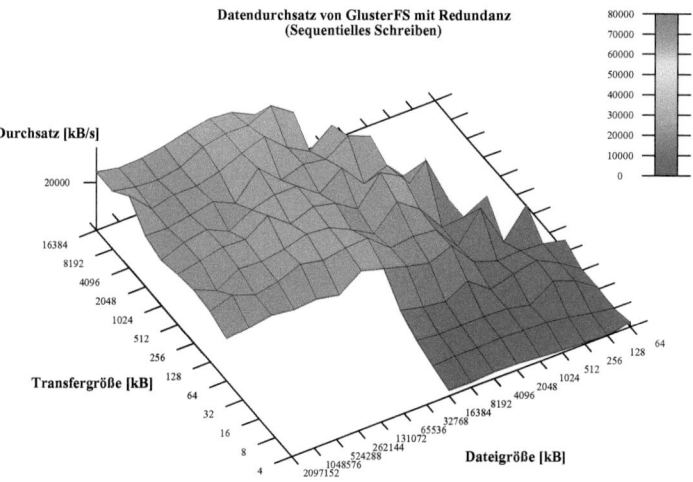

Abbildung 6.6: Datendurchsatz von GlusterFS beim sequentiellen Schreiben mit redundanter Datenhaltung

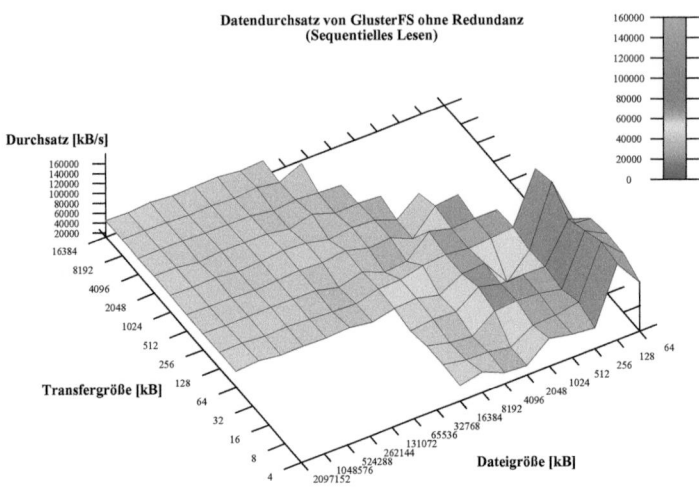

Abbildung 6.7: Datendurchsatz von GlusterFS beim sequentiellen Lesen ohne redundante Datenhaltung

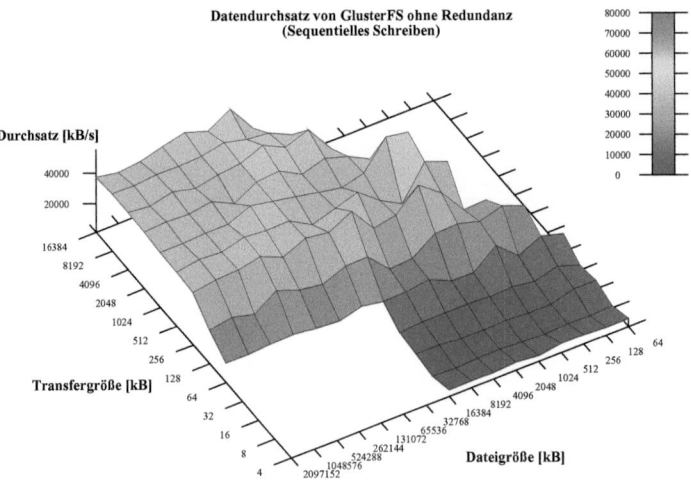

Abbildung 6.8: Datendurchsatz von GlusterFS beim sequentiellen Schreiben ohne redundante Datenhaltung

Tabelle 6.4: Datendurchsatz [kB/s] von Ceph beim sequentiellen Lesen (Ausschnitt)

		Dateigröße [kB]						
		32768	65536	131072	262144	524288	1048576	2097152
Transfergröße [kB]	64	831170	602385	740101	634075	574993	721871	**30551**
	128	773450	576977	1100640	643617	613324	666044	**32607**
	256	894809	745726	594005	634868	655632	701975	**35033**
	512	557942	761020	666337	645915	605147	697268	**33152**
	1024	844448	609150	783806	650428	624615	685918	**33680**
	2048	472896	742231	769341	589409	649649	682321	**32667**
	4096	408955	486233	452298	452032	462079	485952	**32232**
	8192	381444	420739	398050	383332	421852	442955	**31889**
	16384	415525	478372	440403	391381	424295	446424	**33014**

Der Durchsatz beim sequentiellen Schreiben mit Ceph ist im Vergleich zu den anderen untersuchten Dateisystemen bis zu einer Dateigröße von 4 MB hoch und liegt bei 4 MB Dateigröße und weniger trotz Synchronisierung bei über 1 GB/s (siehe Tabelle 6.5). Bei diesen Werten handelt es sich vermutlich um einen Cache-Effekt und keinen realen Datendurchsatz. Bei einer Reduzierung der Dateigröße sinkt der Durchsatz. Der Grund ist, dass die Chunks bei Ceph standardmäßig 4 MB groß sind. Ab einer Dateigröße 8 MB, sinkt der Durchsatz beim sequentiellen Schreiben auf weniger als 2 MB/s (in der Tabelle hervorgehoben) und steigt bei steigender Dateigröße wegen des geringeren Overheads bis ca. 10 MB/s (siehe Tabelle 6.5) wieder an.

Die Abbildungen 6.11 und 6.12 zeigen die Durchsatzraten von PVFS2 beim sequentiellen Lesen und Schreiben. Erneut wurden für die Messungen drei Instanzen (m1.small) mit dem gleichen Image innerhalb der gleichen Verfügbarkeitszone gestartet, wovon zwei Instanzen die Rollen der Server und die verbliebene Instanz die Rolle des Clients erfüllte. Die Ergebnisse beim sequentiellen Lesen und Schreiben sind wegen dem fehlenden Cache im PVFS2-Client nahezu identisch. Somit ist der Durchsatz ausschließlich durch die Netzwerkverbindungen zwischen Client und Servern sowie durch die Geschwindigkeit des Speichersubsystems beschränkt. Der Durchsatz sinkt gleichmäßig bei einer kleiner werdenden Transfer- und Dateigröße und dem damit einhergehenden steigenden Overhead für die Netzwerkkommunikation. Der im Vergleich zu den anderen untersuchten Dateisystemen gute Durchsatz beim sequentiellen Schreiben ist darauf zurückzuführen, dass keine redundante Speicherung der Daten erfolgt und somit kein Overhead durch die Synchronisation entsteht.

Tabelle 6.5: Datendurchsatz [kB/s] von Ceph beim sequentiellen Schreiben (Ausschnitt)

Transfergröße [kB]	Dateigröße [kB]											
	1024	2048	4096	8192	16384	32768	65536	131072	262144	524288	1048576	2097152
4	873684	800300	927131	1652	3288	—	—	—	—	—	—	—
8	1067903	1084204	1075628	1660	3296	—	—	—	—	—	—	—
16	1149377	1154481	1181781	1652	3281	—	—	—	—	—	—	—
32	1198989	1220461	1219437	1669	3282	—	—	—	—	—	—	—
64	1250143	1288938	1211471	1650	3313	3269	6524	8591	7456	8317	9873	10345
128	1314559	1271255	1276418	1653	3321	3252	6320	8513	7317	9067	9935	10448
256	1296145	1297086	1316657	1659	3295	3262	6473	8521	7305	9041	10428	10609
512	1265630	1325579	1291297	1658	3293	3263	6476	8533	8738	8934	9929	10414
1024	1326244	1319184	1265016	1656	3305	3263	6459	8563	7925	8686	10103	10230
2048	—	1273587	1272430	1655	3306	3249	6477	8583	7259	8866	9953	10276
4096	—	—	1062213	1666	3301	3267	6444	8471	8043	8601	9991	10644
8192	—	—	—	1661	3307	3253	6456	8530	7737	9556	10593	10383
16384	—	—	—	—	3301	6470	6471	12570	9460	9821	10732	10813

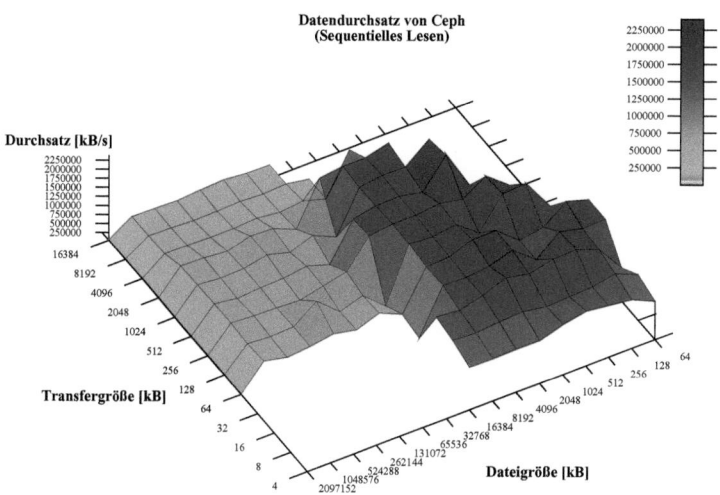

Abbildung 6.9: Datendurchsatz von Ceph beim sequentiellen Lesen

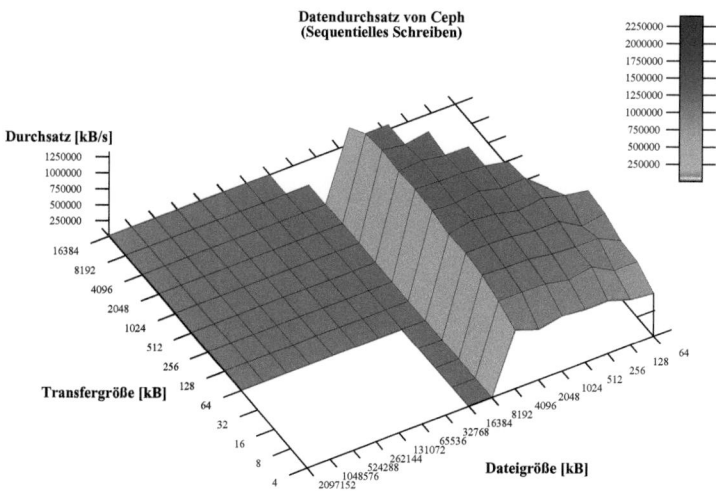

Abbildung 6.10: Datendurchsatz von Ceph beim sequentiellen Schreiben

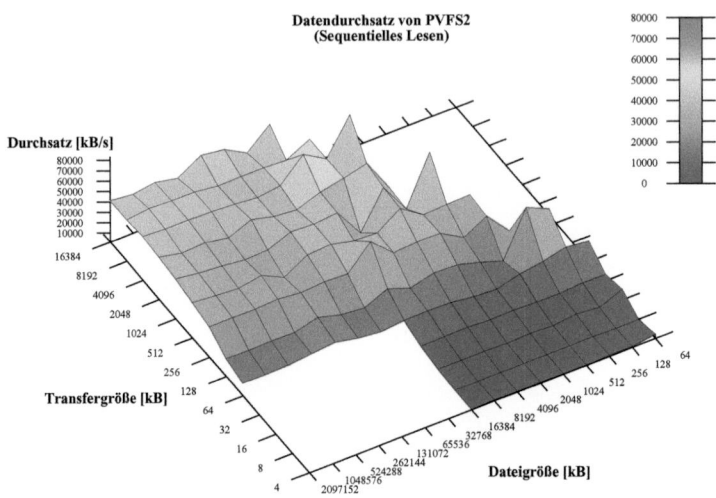

Abbildung 6.11: Datendurchsatz von PVFS2 beim sequentiellen Lesen

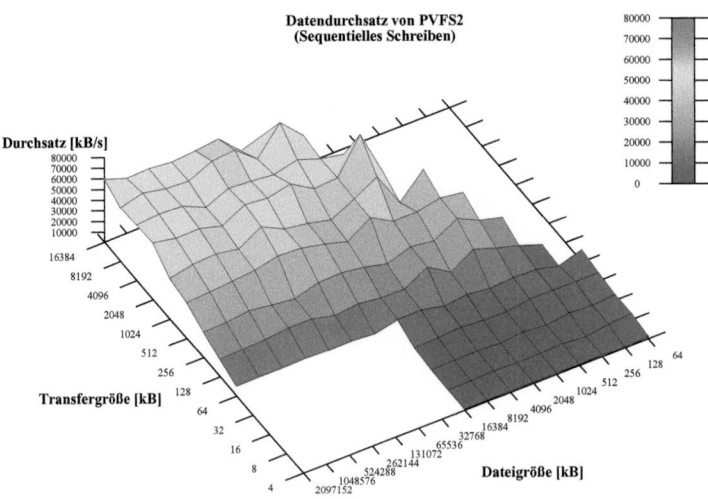

Abbildung 6.12: Datendurchsatz von PVFS2 beim sequentiellen Schreiben

6.4.3 Fazit zu verteilten Dateisystemen in Cloud-Infrastrukturen

Von den untersuchten verteilten Dateisystemen, die Redundanz anbieten, bietet Ceph beim sequentiellen Lesen den besten Datendurchsatz. Der Datendurchsatz beim sequentiellen Schreiben von Ceph ist bei Dateigrößen von 8 MB und weniger im Vergleich zu den anderen untersuchten Dateisystemen geringer.

Ist keine redundante Datenhaltung nötig oder gewünscht und sind nur wenige Knoten vorhanden, bietet NFS im Vergleich zu den übrigen untersuchten Dateisystemen einen hohen Datendurchsatz.

Lässt man HDFS außen vor, bieten Ceph und GlusterFS als einzige der untersuchten Dateisysteme intern redundante Datenspeicherung.

Der Datendurchsatz von HDFS konnte wegen der Beschränkungen des Dateisystems nicht ermittelt werden. Vom produktiven Einsatz experimenteller Clients wie Fuse-DFS [116], um HDFS einzubinden, ist abzuraten, da sich der Funktionsumfang und die Stabilität in Versuchen als schwach erwiesen. Das optimale Einsatzszenario für HDFS liegt im Rahmen von Hadoop[9].

In diesem Zusammenhang ist die Möglichkeit interessant, HDFS im Rahmen von Hadoop as a Service (HaaaS) [36] zu nutzen. Mit dieser Software kann ein Hadoop-Cluster in EC2 und kompatiblen Infrastrukturdiensten installiert und konfiguriert werden. HaaS basiert auf der Hadoop-Distribution Cloudera und orientiert sich an der Funktionalität von Amazon Elastic MapReduce [141], bietet aber im Gegensatz zum Dienst von Amazon diverse Vorteile. So ist es z.B. möglich, beliebige Hadoop-Konfigurationen und -Komponenten zu integrieren, sofern diese in der Standardkonfiguration von Hadoop verfügbar bzw. aktivierbar sind. Zusätzlich kann die Schnittstelle der HaaaS-Lösung als Grundlage für die Installation und Konfiguration beliebiger clusterfähiger Software wie z.B. das Message Passing Interface (MPI) in zu EC2 kompatiblen Cloud-Infrastrukturen genutzt werden.

---

[9]Hadoop ist eine freie Reimplementierung der Infrastruktur von Google und enthält neben HDFS u.a. das MapReduce-Framework und eine Reihe von Erweiterungen.

6.5 Automatisierte Bereitstellung virtueller Cluster mit verteilter Datenhaltung

Der Aufbau virtueller Cluster mit verteilter Datenhaltung in einer Cloud-Infrastruktur besteht aus zahlreichen Einzelschritten. Instanzen müssen gestartet, EBS-Volumen erzeugt und an die Instanzen angehängt werden. Innerhalb der Instanzen muss je nach verwendetem Dateisystem Software installiert, Konfigurationsdateien angepasst, Dienste gestartet, Dateisysteme erzeugt und eingebunden werden. Die manuelle Ausführung dieser Schritte ist zeitaufwendig und kann mit einem geeigneten Werkzeug automatisiert werden.

6.5.1 Designkonzept eines geeigneten Werkzeugs

Für die Entwicklung eines Werkzeugs zur automatisierten Realisierung virtueller Cluster mit verteilter Datenhaltung in Cloud-Infrastrukturen empfiehlt sich als Zielplattform Amazon EC2, da mit Eucalyptus, OpenNebula und Nimbus drei Lösungen zum Aufbau eigener Infrastrukturdienste existieren, die zur Schnittstelle von EC2 kompatibel sind. Die Realisierung eines solchen Werkzeugs als Dienst in einer Cloud-Plattform wie der Google App Engine ist vorteilhaft. Einerseits muss der Kunde dann keine lokale Lösung installieren und behält die Möglichkeit u.a. bei Sicherheits- oder Datenschutzbedenken eine zur App Engine kompatible Lösung wie AppScale oder typhoonAE zu verwenden.

Der Zugriff auf Infrastrukturen, die zu den AWS kompatibel sind, aus einer zur App Engine kompatiblen Plattform heraus ist mit der Python-Bibliothek boto möglich. Mit boto können Instanzen gestartet und Volumen erzeugt sowie an Instanzen angehängt werden. Um Kommandos auf den Instanzen auszuführen, ist es aber notwendig, via Secure Shell (SSH) auf diese Instanzen zuzugreifen (siehe Abbildung 6.13). Die App Engine erlaubt den Webanwendungen nur die Kommunikation über die Ports 80, 443, 4443, 8080-8089, 8188, 8444 und 8990 und nicht über den SSH-Port 22. In privaten Clouds mit AppScale und typhoonAE existieren keine Einschränkungen bzgl. der verwendeten Ports, aber ohne die Möglichkeit eines Betriebs in der App Engine erscheint die Entwicklung eines ansonsten zur App Engine kompatiblen Werkzeugs unsinnig. Darum wurde das Werkzeug zur automatisierten Realisierung virtueller Cluster mit verteilter Datenhaltung als lokales Werkzeug realisiert.

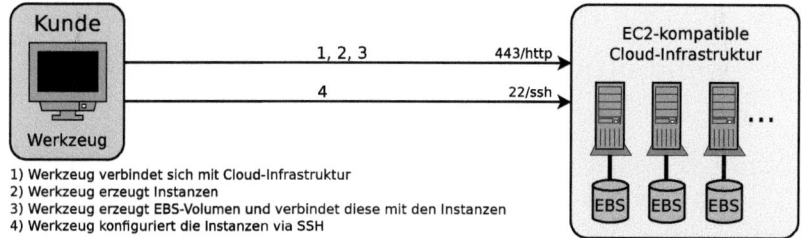

Abbildung 6.13: Werkzeug zur automatisierten Realisierung virtueller Cluster mit verteilter Datenhaltung

6.5.2 Implementierung

Ein lokales Werkzeug zur automatisierten Realisierung virtueller Cluster mit verteilter Datenhaltung in Cloud-Infrastrukturen wurde unter dem Namen Diffuser [97] im Rahmen dieser Dissertation implementiert. Diffuser unterstützt die Installation der Dateisysteme NFS, GlusterFS (mit und ohne Redundanz), Ceph und PVFS2. Um die Bibliothek boto nutzen zu können, erfolgte die Implementierung in der Programmiersprache Python. Zur Realisierung der Kommunikation via SSH wurde die Bibliothek Paramiko [152] verwendet. Diffuser ist freie Software und steht unter der Apache License, Version 2.0.

6.5.3 Evaluation

Ein Nachteil von Diffuser ist, dass das Einrichten der Dateisysteme unterschiedlich lange dauert. Speziell der Aufbau eines Clusters mit Ceph dauert abhängig vom gewählten Instanztyp und der Anzahl der Instanzen mehrere Minuten bis Stunden, da speziell für das Dateisystem Ceph der Linux-Kernel des Gastbetriebssystems neu übersetzt werden muss und Diffuser die Instanzen nicht parallel abarbeitet.

Die Integration weiterer Dateisysteme in Diffuser ist möglich, und das Werkzeug kann nicht nur zum Aufbau verteilter Dateisysteme, sondern zur Installation jeglicher Software auf den Instanzen verwendet werden.

6.6 Konzeption einer redundanten Speicherlösung objektbasierte Speicherdienste

Während die redundante und damit hochverfügbare Datenspeicherung in Cloud-Infrastrukturen u.a. mit Hilfe verteilter Dateisysteme wie Ceph und GlusterFS möglich ist, haben die Kunden keine Möglichkeit, redundante Datenhaltung über verschiedene zu Amazon S3 kompatible Speicherdienste zu realisieren. Anbieter öffentlich zugänglicher Cloud-Speicherdienste wie Amazon garantieren, dass die Daten intern mehrfach redundant vorgehalten werden [112]. Die garantierte Verfügbarkeit[10] hilft den Kunden aber nicht, wenn es doch einmal zu Datenverlusten kommt. Ebenso ist unsicher, was bei einer Insolvenz des Anbieters oder bei Sabotage mit den Kundendaten geschieht. Eine Lösung zur redundanten Nutzung mehrerer Speicherdienste in Form eines RAID-1 würde die Verfügbarkeit der Daten erhöhen und die Kunden von einzelnen Anbietern unabhängig machen.

Bei Lösungen zum Aufbau eigener Speicherdienste müssen sich die Betreiber selbst um die Verfügbarkeit der Daten kümmern, indem sie geeignete Speichersubsysteme einsetzen. Das Projekt pWalrus [160] versucht den Datendurchsatz und die Verfügbarkeit der Webobjekte dadurch zu steigern, dass mehrere angepasste Instanzen von Walrus abwechselnd die Anfragen der Kunden und eventuell eines Infrastrukturdienstes annehmen und gemeinsam auf einem verteilten Dateisystem wie PVFS, GPFS oder LUSTRE arbeiten [1]. Der Nachteil von pWalrus ist aber, dass Anpassungen am Quelltext von Walrus und damit an der Installation selbst notwendig sind, was nicht immer möglich oder gewünscht ist. Auch die gleichzeitige Nutzung von öffentlich zugänglichen und privaten Speicherdiensten ist mit pWalrus nicht möglich. Ein logischer Schritt ist daher die Entwicklung einer redundanten Speicherlösung für Speicherdienste, die zu S3 kompatibel sind, bei der die Dienste nicht verändert und verschiedene öffentliche und private Speicherdienste gleichzeitig verwendet werden können.

---

[10]Amazon bietet den Kunden von S3 zwei Sicherheitsstufen für die dauerhafte Verfügbarkeit ihrer Daten. Für jedes Objekt können die Kunden wählen ob es in einer Speicher mit einer voraussichtlichen Verfügbarkeit von 99,999999999% oder von 99,99% abgelegt werden soll. Die Preise für die höhere voraussichtliche Verfügbarkeit liegen ca. 45% über den Preisen für die reduzierte voraussichtliche Verfügbarkeit [158].

6.6.1 Designkonzept einer redundanten Speicherlösung

Mit Amazon S3, Google Storage, Walrus und Nimbus existieren vier Speicherdienste mit kompatibler Schnittstelle. Eine Lösung, die es den Kunden ermöglicht, gleichzeitig oder nacheinander Daten auf mehrere dieser Speicherdienste zu kopieren, sollte über das Internet als Dienst verfügbar sein. Von Vorteil ist, wenn das Werkzeug in einem Plattformdienst und bei Bedarf, eventuell wegen Sicherheits- oder Datenschutzbedenken, lokal lauffähig ist. Diese Kriterien erfüllt ausschließlich die Google App Engine. Deren Nutzung ist im Rahmen bestimmter Mengenbeschränkungen für die Kunden kostenfrei und es existieren mit AppScale und typhoonAE zwei kompatible Lösungen zum Aufbau kompatibler Plattformdienste.

Die App Engine unterstützt ausschließlich Python und Java. Von den privaten Cloud-Lösungen unterstützt AppScale auch diese beiden Programmiersprachen, während typhoonAE nur Python unterstützt. Ein weiterer Vorteil von Python ist, dass mit boto [82] eine leistungsfähige freie Bibliothek für die AWS existiert.

Die Speicherlösung soll den Kunden den Import ihrer Zugangsdaten ermöglichen und auf allen verbundenen Speicherdiensten die Existenz eines Buckets mit einheitlichem Namensschema überprüfen und sicherstellen. Der Inhalt des Buckets soll auf allen Speicherdiensten, zu denen der Kunde Zugang hat, identisch sein. Um die Komplexität nach Möglichkeit vor den Kunden zu verbergen, soll es unmöglich sein, den Bucket zu wechseln oder neue Buckets zu erzeugen. Die Kunden können ausschließlich den Inhalt des für die Speicherlösung relevanten Buckets kontrollieren.

Die Übertragung von Objekten zu kompatiblen Speicherdiensten (siehe Abbildung 6.14) ist über ein HTML-Formular und POST direkt vom Client (Browser) aus möglich.

6.6.2 Herausforderungen bei der Entwicklung

Die grundsätzliche Funktionalität aller zu S3 kompatiblen Speicherdienste ist identisch, doch das exakte Verhalten ist häufig geringfügig unterschiedlich. So sind z.B. bei Amazon S3 und Google Storage die MD5 Prüfsummen der Objekte immer von doppelten Anführungszeichen umschlossen. In Walrus ist dies nicht der Fall.

Eine weitere Besonderheit von Walrus ist, dass dieser Dienst fehlerhafte Daten an jedes via POST übertragene Objekt anhängt, wenn kein Submit-Element am Ende

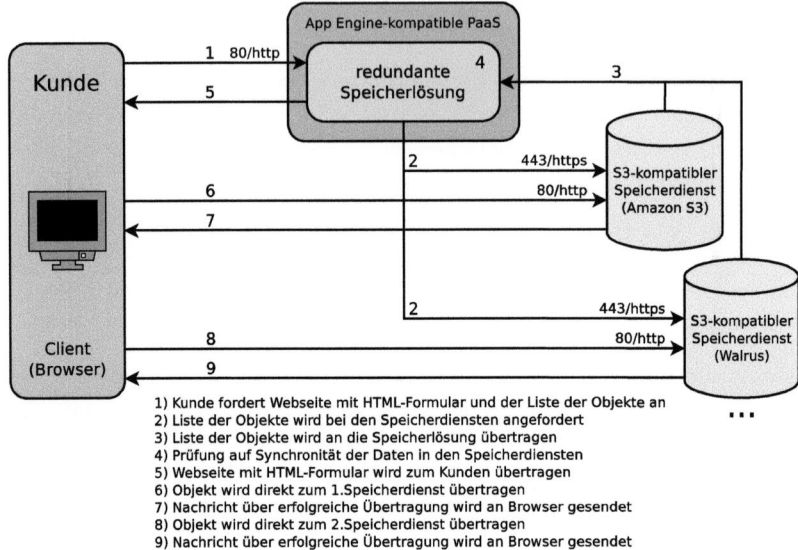

Abbildung 6.14: Objekte werden vom Client direkt zu den Speicherdiensten übertragen

der HTML-Nachricht existiert. Dieses wird von Walrus als Ende des Objekts erkannt. Fehlt das Submit-Element, hängt Walrus alle Daten bis zum Ende der Übertragung an das Objekt an.

Ein zusätzliches Problem von Walrus ist, dass in der Version, die Teil von Eucalyptus 1.6 ist, in jedem Bucket fälschlicherweise ein Objekt mit dem Namen `None` existiert. Dieses Objekt kann nicht gelöscht werden und die redundante Speicherlösung sollte es daher ignorieren.

Eine Besonderheit von Google Storage ist, dass der Submit-Schalter zum Senden der Objekte kein `name`-Attribut enthalten darf. S3 und Walrus hingegen ignorieren das name-Attribut des Schalters.

Bei S3 und Walrus ist es im HTML Formular und im zugehörigen Policy-Dokument[11] möglich, den Wert `redirect` oder alternativ `success_action_redirect` zu definieren. Damit legt der Entwickler fest, wohin der Browser umgeleitet werden soll, wenn der Upload erfolgreich war. In Google Storage funktioniert ausschließlich `success_action_redirect` und `redirect` wird ignoriert.

6.6.3 Implementierung

Die Kunden melden sich bei der Webanwendung an und werden in der App Engine über Google-Benutzerkonten authentifiziert. Andere Plattformdienste verwalten eigene Benutzerkonten. Jeder Benutzer muss Zugangsdaten für kompatible Speicherdienste importieren. Diese werden im Datastore bzw. in einer privaten Cloud-Plattform in der Emulation des Datastore gespeichert. Für jeden eingetragenen Speicherdienst werden der Benutzername zur Authentifikation, Access Key, Secret Access Key, IP-Adresse[12] des Dienstes, Port-Nummer, Zugangstyp (z.B. Amazon, Walrus,...) und ein vom Kunden frei festzulegender, eindeutiger Name für den Zugang im Datastore gespeichert. Die Secret Access Keys der Benutzer werden aus Sicherheitsgründen verschlüsselt im Datastore gespeichert.

Sobald die korrekten Zugangsdaten für einen Speicherdienst von einem Kunden eingetragen wurden, versucht die Webanwendung einen Bucket mit dem Namensschema `octopus_storage-at-<benutzername>` anzulegen. Sind Zugänge zu mehreren Speicherdiensten eingetragen, überprüft die Webanwendung bei jeder Aktion mit oder auf den Daten, ob die Listen der Objekte auf den verbundenen Speicherdiensten identisch sind.

Wird von einem kompatiblen Speicherdienst eine Liste der Objekte in einem Bucket angefordert, besteht die Antwort aus den Keys (Namen) der Objekte, Daten des letzten Schreibzugriffs, Objektgröße, Benutzername und ID-Nummer des Besitzers sowie einer MD5-Prüfsumme. Weil für jedes Objekt eine MD5-Prüfsumme vorliegt, ist es einfach, die Synchronität der Objekte über mehrere Speicherdienste hinweg zu überprüfen. Dafür müssen nur die Listen mit den Objektnamen (Keys) und den MD5-Prüfsummen verglichen werden.

---

[11]Das Policy-Dokument enthält u.a. den Namen des Objekts, eine Beschreibung des Inhalts, den Bucket und die Zieladresse, zu der der Browser umgeleitet werden soll, wenn der Upload erfolgreich war.

[12]Für einen Zugang zu Amazon S3 wird nicht die IP-Adresse, sondern der DNS-Name `s3.amazonaws.com` gespeichert.

Die redundante Speicherlösung wurde als freie Software unter dem Namen Octopus [188] Cloud Storage System als Webanwendung im Rahmen dieser Dissertation implementiert und kann in Plattformdiensten laufen, die zur App Engine kompatibel sind. Octopus unterstützt die Arbeit mit den Speicherdiensten Amazon S3 und Walrus. Der Quelltext ist unter der Apache License, Version 2.0 lizenziert und auf der Projektseite [178] von Octopus verfügbar.

6.6.4 Erweiterungsmöglichkeiten und Einschränkungen

Da der Speicherdienst Cumulus das Hochladen von Objekten via POST nicht unterstützt, ist eine Integration in Octopus unmöglich. Bislang können die Kunden von Octopus ausschließlich S3 und Walrus nutzen. Eine Integration von Google Storage ist möglich.

Da jedes Objekt direkt vom Client zu jedem verwendeten Speicherdienst übertragen wird (siehe Abbildung 6.14), steigt die zu übertragende Datenmenge mit jedem zusätzlichen Speicherdienst linear an. Auch große Objekte müssen mehrfach übertragen werden, sollen sie redundant gespeichert werden. Aus diesem Grund führt der Einsatz mehrerer Speicherdienste auch bei Objekten mit geringer Dateigröße zu einer unverhältnismäßig langen Übertragungsdauer.

Eine sinnvolle Erweiterung von Octopus wäre die Implementierung einer Art Zwischenspeicher, in dem die Benutzer ihre Objekte speichern und von wo sie von Octopus zu den genutzten zu S3 kompatiblen Speicherdiensten weiterverteilt werden. Der Google Datastore ist als Zwischenspeicher nicht geeignet, da Objekte im Datastore eine maximale Größe von 1 MB haben dürfen. Alternativ bietet sich der Google Blobstore als Proxy an. Dieser Infrastrukturdienst von Google erlaubt die persistente Speicherung von Daten in Form sogenannter Blobs mit je bis zu 2 GB. Eine weitere Möglichkeit wäre die Nutzung von Google Storage als Zwischenspeichers und die Weiterverteilung von dort zu den übrigen Speicherdiensten. Objekte innerhalb von Google Storage können von Webanwendungen in der App Engine direkt angesprochen werden, was die Voraussetzung für die Übertragung via POST zu den übrigen Speicherdiensten ist. Ein Nachteil der App Engine ist hierbei aber, dass ausgehende Datenverbindungen auf 1 MB pro Übertragung begrenzt sind.

6.7 Fazit zur Cloud-basierten Speicherverwaltung

Die Datenhaltung in Clouds kann unter anderem im Festplattenspeicher von Instanzen in Infrastrukturdiensten, EBS-Volumen und zu S3 kompatiblen Speicherdiensten erfolgen.

In Amazon EC2 liegt die Speichergeschwindigkeit bei sequentiellem Lesen und Schreiben auf instanzinternen Festplattenspeicher und EBS-Volumen je nach verwendetem Instanztyp zwischen 20 und 90 MB/s, wobei die Geschwindigkeit des Festplattenspeichers der Instanzen ca. 10–25% höher ist. Die Speichergeschwindigkeit einer auf Eucalyptus basierenden privaten Infrastruktur ist bei allen untersuchten sequentiellen Messungen im Vergleich zu EC2 geringer. Bei wahlfreiem Zugriff liegt die Speichergeschwindigkeit der privaten Cloud im Vergleich zu EC2 bei den meisten untersuchten Messungen höher.

Da lokaler Festplattenspeicher in Instanzen keine Persistenz unterstützt und EBS-Volumen zwar persistent sind, aber immer nur an eine einzige Instanz angehängt sein können, sind verteilte Dateisysteme, die sich über mehrere EBS-Volumen erstrecken, die einzige Möglichkeit, einen persistenten gemeinsamen Speicher mit verteilten Speicherpunkten in einer Cloud-Infrastruktur zu schaffen. Interne redundante Datenspeicherung bieten von den untersuchten Dateisystemen Ceph, GlusterFS und HDFS. Ist keine redundante Datenhaltung nötig, bietet NFS im Vergleich zu den übrigen untersuchten Dateisystemen einen hohen Datendurchsatz. Für den Einsatz von HDFS empfiehlt sich Hadoop, da ein stabiler Betrieb außerhalb von Hadoop aktuell (Stand: März 2011) nicht sinnvoll möglich ist.

Mit dem Werkzeug Diffuser können automatisch virtuelle Cluster mit verteilter Datenhaltung in der Cloud-Infrastruktur EC2 und in Infrastrukturdiensten mit kompatibler Schnittstelle erstellt werden. Die Kunden haben die Wahl zwischen verschiedenen verteilten Dateisystemen und können mit dem Werkzeug beliebige Software in den Linux-Instanzen installieren.

Auch objektbasierte Speicherdienste können mit dem Octopus Cloud Storage System zu einer redundanten Speicherlösung, quasi einem RAID mit Datenspiegelung, verbunden werden. Dadurch kann die Verfügbarkeit der Daten und die Abhängigkeit von einzelnen Dienstanbietern verringert werden.

Kapitel 7

Netzwerkverwaltung

Neben Rechenleistung und Speicherplatz sind (virtuelle) Netzwerke eine wichtige Ressource in Cloud-Infrastrukturen, denn mit virtuellen Netzwerken werden aus Sicherheits- und Stabilitätsgründen die virtuellen Ressourcen voneinander und von den physischen Ressourcen abgeschottet. Um dauerhaft verfügbare Dienste in Cloud-Infrastrukturen zu realisieren, sind dauerhafte Netzwerkadressen nötig, die einen festen Zugriffspunkt bieten und vom Start bzw. der Terminierung einzelner Instanzen unabhängig verfügbar sind. Die Verteilung eingehender Anfragen und Daten ist mit Hilfe von Lastverteilern möglich, und auch die Erweiterung eigener Infrastrukturen mit Hilfe von VPN-Verbindungen ist als Dienst verfügbar.

7.1 Virtuelle Netze im Cloud Computing

Infrastrukturdienste verwenden häufig virtuelle Netze, sogenannte Virtual Local Area Networks (VLAN), um Ressourcen in einem einzigen logischen Netzwerk zusammenfassen. Es ist mit VLANs auch möglich, ein physisches Netzwerk in logische Teilnetze, sogenannte Overlay-Netzwerke, zu trennen. Ein VLAN bildet ein nach außen abgeschirmtes Netzwerk über fremde oder nicht vertrauenswürdige Netze und kann so helfen, verteilte Standorte in eine virtuelle Infrastruktur zu integrieren. VLAN-fähige Netzwerkkomponenten zur Paketvermittlung (englisch: Switches) leiten die Datenpakete eines VLAN nicht in ein anderes VLAN weiter. Einige Infrastrukturdienste nutzen VLANs, um die Instanzen und deren Netzwerkkommunikation vom Produktionsnetzwerk der physischen Infrastruktur zu trennen.

Es existieren unterschiedliche Typen von VLANs. Der älteste Standard sind die statischen VLANs. Dabei werden die Anschlüsse (englisch: Ports) eines Switches in mehrere logische Switches unterteilt. Jeder Anschluss ist fest einem einzigen VLAN zugeordnet oder dient dazu, unterschiedliche VLANs zu verbinden. Die Verwendung statischer VLANs ist in Clouds unüblich, da sie schlecht automatisierbar sind.

Der in Clouds üblicherweise verwendete Standard zum Aufbau virtueller Netze ist paketbasiertes, dynamisches VLAN nach IEEE 802.1Q [38]. Beim paketbasierten VLAN enthalten die Netzwerkpakete eine spezielle VLAN-Markierung, den sogenannten Tag. Der IEEE 802.1Q-Standard von 1998 definiert die 32 Bit große VLAN-Markierung, die im Datenbereich der Netzwerkpakets eingefügt wird. Davon stehen 12 Bit für die ID des VLAN zur Verfügung, zu dem das Netzwerkpaket gehört, und drei Bit repräsentieren die Priorität. Damit kann für jedes Netzwerkpaket eine von acht möglichen Prioritäten angegeben werden, und es ist möglich, eine Priorisierung zu realisieren, um bestimmte Daten bevorzugt weiterzuleiten und eine beschränkte Bandbreite nach für die Kunden wichtigen Kriterien besser auszunutzen.

Ein weiterer Vorteil von dynamischem VLAN gegenüber statischem VLAN ist, dass virtuelle Netze mit Hilfe von Skripten rein softwaremäßig erzeugt, verändert und wieder entfernt werden können. Dieser Vorteil ist besonders bei Infrastrukturdiensten eine notwendige Voraussetzung, um dynamisch virtuelle Netze anbieten zu können. Die Kunden können somit in kurzer Zeit VLANs erzeugen und nutzen, ohne dass der Betreiber eingreifen muss, wie das bei statischen VLANs notwendig wäre.

Die Infrastrukturlösung Eucalyptus unterstützt verschiedene Netzwerkmodi. Im Modus `MANAGED` erzeugt Eucalyptus für jede Sicherheitsgruppe ein eigenes VLAN. Alternativ existiert der Modus `MANAGED-NOVLAN` für Umgebungen, in denen der Betreiber aus Hardwaregründen oder wegen fehlender Rechte keine VLANs einsetzen kann. Der Modus `MANAGED-NOVLAN` bietet im Gegensatz zu `MANAGED` keine Isolation der Instanzen unterschiedlicher Sicherheitsgruppen voneinander.

OpenNebula bietet keine Sicherheitsgruppen und somit auch keine Isolation der Instanzen voneinander. Es ist aber möglich, neuen Instanzen bei deren Start neben der IP-Adresse und weiteren Netzwerkparametern eine VLAN-ID zu übergeben.

Auch die Infrastrukturlösung Nimbus bietet weder Sicherheitsgruppen, noch ist die Isolation von Instanzen möglich. Genau wie bei OpenNebula ist es aber möglich, Instanzen bei deren Start neben der IP-Adresse, dem Gateway, der Broadcast-Adresse und Subnetz-Adresse eine VLAN-ID zu übergeben.

7.2 Elastische IP-Adressen

In der Amazon EC2 wird jeder neuen Instanz beim Startprozess ein öffentlicher und ein privater DNS-Name zugewiesen. Der private DNS-Name wird für die Kommunikation der Instanzen innerhalb der Infrastruktur verwendet. Über den öffentlichen DNS-Namen ist die Instanz weltweit erreichbar.

Da die öffentlichen und privaten DNS-Namen beim Start einer Instanz jedesmal neu vergeben werden, sind sie für den Betrieb dauerhaft verfügbarer Server-Dienste ungeeignet. Um nachhaltige Netzwerkdienste zu realisieren, sind feste IP-Adressen notwendig. Die Einschränkung[1] des Adressraums von IPv4 und die Tatsache, dass nur noch wenige freie Adressbereiche verfügbar sind, machen es für die Betreiber von Infrastrukturdiensten unmöglich, jeder Instanz innerhalb der eigenen Infrastruktur automatisch eine öffentlich erreichbare IPv4-Adresse zuzuweisen. Das Vorhalten einer großen Zahl öffentlich zugänglicher IP-Adressen ist für die Dienstanbieter auch ein Kostenfaktor. Hat der Betreiber einer Infrastruktur einen Pool öffentlich zugänglicher IP-Adressen zur Verfügung, kann er diese als elastische IP-Adressen den Kunden anbieten. Einmal reservierte elastische IP-Adressen können die Kunden immer wieder eigenen Servern zuweisen, müssen für deren Nutzung aber je nach Anbieter[2] bezahlen.

In einer auf Eucalyptus basierenden Infrastruktur erhält jede Instanz bei der Erzeugung eine interne IP-Adresse. Der Betreiber der Infrastruktur kann eine Liste oder einen Bereich öffentlicher IP-Adressen in den Konfigurationsdateien von Eucalyptus angeben. Diese werden automatisch beim Start an neue Instanzen vergeben und durch die Kunden elastisch verwaltet.

Bei Nimbus konfiguriert der Betreiber des Infrastrukturdiensts eine Liste intern und eine Liste extern verfügbarer IP-Adressen. Beim Start einer neuen Instanz erhält diese vom Infrastrukturdienst je eine Adresse aus jeder der beiden Listen zugewiesen.

---

[1]IPv6 [128], das seit 1998 als Nachfolger von IPv4 feststeht, würde den theoretischen Adressraum von 2^{32} (ca. 4,3 Milliarden) auf 2^{128} (ca. 340 Sextillionen) verfügbare Adressen vergrößern. Der dadurch entstehende Adressraum würde es erlauben, jede neue Instanz mit einer öffentlich verfügbaren IP-Adresse auszustatten.

[2]In EC2 (Stand: November 2010) kostet eine reservierte aber keiner Instanz zugewiesene elastische IP-Adresse den Kunden \$0,01/Stunde. Ein- und ausgehender Datentransfer über eine elastische IP-Adresse kostet \$0,01/GB. Für jede elastische IP-Adresse sind die ersten 100 Änderungen der Zuweisung zu einer Instanz innerhalb eines Monats kostenfrei. Jede weitere Änderung der Zuweisung wird mit \$0,10 in Rechnung gestellt.

Eine spätere Änderung der extern erreichbaren IP-Adresse über den Infrastrukturdienst ist bei Nimbus nicht möglich.

Bei der Infrastrukturlösung OpenNebula können Instanzen abhängig von deren Konfigurationsskript beliebige IP-Adressen zugewiesen werden. Eine aktive Kontrolle durch OpenNebula findet hierbei nicht statt, und es ist nicht möglich, über OpenNebula die IP-Adressen laufender Instanzen zu verändern.

7.3 Verteilung eingehender Anfragen mit elastischer Lastverteilung

Soll ein Server-Dienst in Amazon EC2 realisiert werden, dessen Betrieb nicht von einer einzelnen Instanz bewerkstelligt werden kann oder der mit Hilfe weiterer Instanzen eine höhere Verfügbarkeit bieten soll, können die Kunden auf den Dienst Amazon Elastic Load Balancing (ELB) [80] zurückgreifen. Mit ELB können die Kunden innerhalb jeder Verfügbarkeitszone elastische Lastverteiler erzeugen. Jedem elastischen Lastverteiler weist der Kunde einen Pool von Instanzen zu. Ein elastischer Lastverteiler verteilt automatisch die eingehenden Anfragen über die ihm zugewiesenen Instanzen. Elastische Lastverteiler ermitteln auch fehlerhafte Instanzen innerhalb ihrer Pools und leiten die Anfragen automatisch an die fehlerfreien Instanzen weiter. Eucalyptus, Nimbus und OpenNebula enthalten keinen mit ELB vergleichbaren Dienst.

7.4 Erweiterung eigener Infrastrukturen mit Cloud-Ressourcen

Die Kunden von Amazon EC2 haben mit dem Dienst Virtual Private Cloud (VPC) [204] die Möglichkeit, ihre virtuellen Ressourcen in EC2 über verschlüsselte VPN-Verbindungen transparent in die eigene IT-Landschaft zu integrieren (siehe Abbildung 7.1). Die Kunden können beliebig viele Subnetze innerhalb der VPC erzeugen und Instanzen darin starten. Wie bei öffentlich zugänglichen Cloud-Diensten üblich sollte auch vor der Nutzung der VPC durch die Kunden eine Analyse der voraussichtlichen Nutzung, des zu erwartenden, anfallenden Datentransfers und der daraus entstehenden Kosten[3] erfolgen.

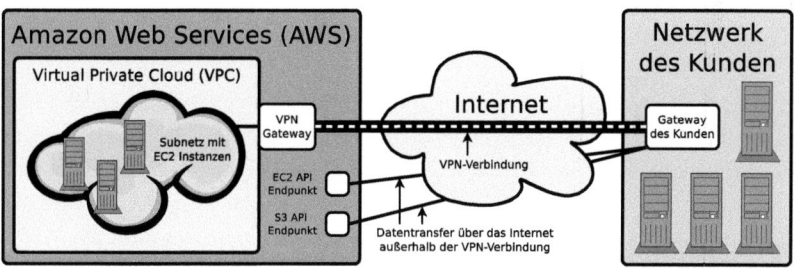

Abbildung 7.1: Architektur der Amazon Virtual Private Cloud (VPC) [69]

7.5 Evaluation des Netzwerkdurchsatzes

Der Netzwerkdurchsatz der auf Eucalyptus basierenden Infrastruktur am SCC wurde im Juni 2009 untersucht und die Ergebnisse mit denen von Amazon EC2 verglichen [12]. Zum Zeitpunkt der Untersuchung enthielt EC2 nur die beiden Regionen US East und EU West. Für die Messungen wurden in beiden Regionen und in der privaten Cloud je zwei Instanzen vom Instanztyp m1.small mit Debian 5.0 innerhalb der gleichen Verfügbarkeitszone gestartet. Über einen Zeitraum von 24 Stunden wurde alle 5 Minuten mit dem Kommandozeilenwerkzeug iperf der Netzwerkdurchsatz zwischen beiden Instanzen in jeder der drei untersuchten Regionen gemessen (siehe Abbildung 7.2).

Für den Aufbau hybrider Infrastrukturen ist die gleichzeitige Nutzung öffentlich zugänglicher und privater Dienste interessant. Durch die gleichzeitige Nutzung von Diensten, die sich in verschiedenen Standorten befinden, steigt die Verfügbarkeit und die Kunden sind von einer einzelnen Infrastruktur unabhängig. Aus diesem Grund wurde auch der Netzwerkdurchsatz zwischen den beiden Regionen in EC2

---

[3]Amazon berechnet (Stand Dezember 2010) pro VPN-Verbindungsstunde $0,05. Die Übertragung eingehender Daten wird mit $0,10 pro GB berechnet. Die Kosten für ausgehende Daten sind abhängig vom Datenaufkommen pro Monat und beginnen bei $0,15 pro GB für die ersten 10 TB.

und zwischen der privaten Cloud und den beiden EC2-Regionen gemessen (siehe Abbildung 7.3).

7.5.1 Ergebnisse der Leistungsevaluation

Aus den Ergebnissen (siehe Abbildung 7.2) geht hervor, dass der Netzwerkdurchsatz in der Infrastruktur mit Eucalyptus zu allen untersuchten Zeiten besser ist, als in den beiden Regionen von EC2. Dieses Ergebnis muss aber unter dem Gesichtspunkt gesehen werden, dass während der Messungen in der privaten Cloud keine weiteren Instanzen liefen und die Blade-Server sowie das Netzwerk selbst exklusiv zur Verfügung standen. Der Netzwerkdurchsatz in der privaten Cloud ist mit ca. 114 MB/s nahe am maximalen Durchsatz der verwendeten 1000 Mbit/s Ethernet-Verbindungen. Dieses Ergebnis und die Konstanz des Netzwerkdurchsatzes über 24 Stunden erklären sich aus der exklusiven Verfügbarkeit des Netzwerks. Die physischen Rechner in EC2 sind ebenfalls via 1000 Mbit/s Ethernet verbunden. Allerdings erklärt sich deren geringerer Netzwerkdurchsatz durch die höhere Auslastung der Server in EC2 und des dort verfügbaren Intranets.

Der Netzwerkdurchsatz zwischen den Regionen (siehe Abbildung 7.3) schwankt zwischen ca. 5 und 15 MB/s, weil hier kein lokales Netzwerk vorliegt, sondern die Pakete über das Internet transportiert werden müssen. Ist in privaten Infrastrukturen ein höherer Netzwerkdurchsatz gewünscht, kann dieses durch die Beschaffung leistungsfähigerer Hardware realisiert werden. Speziell in EC2 bietet Amazon die Instanztypen Cluster Compute (`cc1.4xlarge`) und Cluster GPU (`cg1.4xlarge`) an. Diese sind über ein nicht-virtualisiertes Netzwerk mit 10 Gbit/s Datendurchsatz verbunden und bieten daher einen besseren Datendurchsatz als die übrigen Instanztypen.

7.6 Evaluation der Paketumlaufzeit

Speziell für Anwendungen aus dem Bereich des Hochleistungsrechnens (HPC) ist die Netzwerklatenz, genauer die Paketumlaufzeit (englisch: Round Trip Time) zwischen den Knoten einer verteilten Infrastruktur für die Gesamtleistung wichtig. Die Paketumlaufzeit der auf Eucalyptus basierenden privaten Cloud am SCC wurde gemessen und mit Amazon EC2 verglichen [12]. Konkret wurden in der privaten Cloud zwei Instanzen und in EC2 in jeder untersuchten Region jeweils zwei Instanzen jedes In-

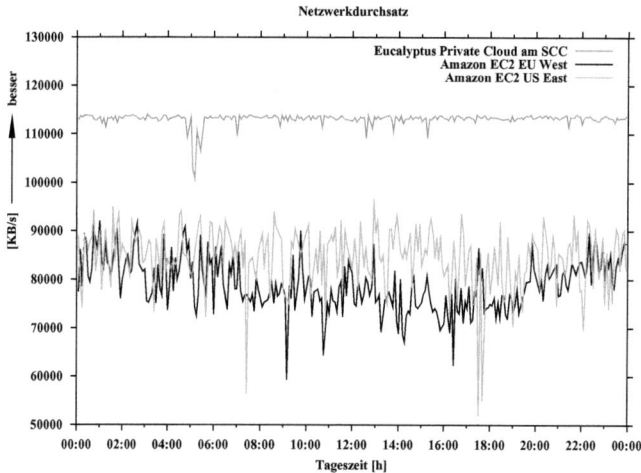

Abbildung 7.2: Netzwerkdurchsatz innerhalb der untersuchten Regionen

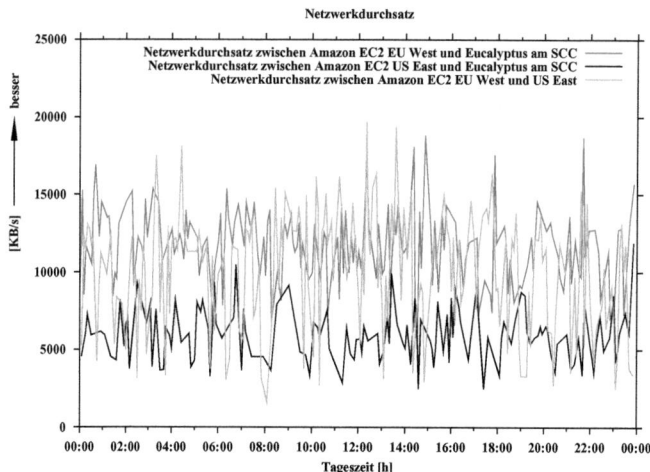

Abbildung 7.3: Netzwerkdurchsatz zwischen den untersuchten Regionen

stanztyps gestartet. In der privaten Cloud verwenden alle Instanztypen die gleichen physischen Server und unterscheiden sich ausschließlich in der Anzahl der virtuellen Prozessoren sowie dem verfügbaren Speicher. Aus diesem Grund ist eine Messung aller in Eucalyptus existierenden Instanztypen an dieser Stelle nicht notwendig.

Zum Zeitpunkt der Untersuchung im Oktober 2009 bot EC2 ausschließlich die beiden Regionen US East und EU West und die Instanztypen m1.small, c1.medium, m1.large, m1.xlarge und c1.xlarge. Zwischen den Instanzen wurde über einen Zeitraum von 24 Stunden alle 10 Minuten die mittlere Paketumlaufzeit von 1000 ICMP[4] Pings gemessen (siehe Abbildung 7.4). Die Messungen der Paketumlaufzeit innerhalb der untersuchten Regionen zeigen, dass es keine Abhängigkeiten der Paketumlaufzeit von der Tageszeit gibt. Unterschiede zwischen den Instanztypen in US-East und EU-West sind bis auf m1.small quasi nicht vorhanden. Die Paketumlaufzeit liegt für alle Instanztypen mit Ausnahme von m1.small unter 0,5 ms [10]. Dieses Ergebnis deutet darauf hin, das Amazon innerhalb seiner Standorte und zur Verbindung der Verfügbarkeitszonen leistungsfähige Netzwerke einsetzt. Ein möglicher Grund für die schlechte Paketumlaufzeit zwischen den Instanzen vom Instanztyp m1.small innerhalb der europäischen EC2-Region könnte an einer höheren Packungsdichte der kleinen Instanzen auf den physischen Servern liegen. Denkbar ist auch, dass der Netzwerkverkehr für die preisgünstigen Instanztypen durch entsprechende Programmierung der aktiven Netzwerkkomponenten und eine niedrigere Priorität der Netzwerkpakete gedrosselt wird. Der interne Netzwerkverkehr ist bei Amazon schließlich kostenfrei.

Die Paketumlaufzeit zwischen den beiden Verfügbarkeitszonen der europäischen EC2-Region (siehe Abbildung 7.5) ist um mehr als 100% schlechter als innerhalb einer Verfügbarkeitszone, bleibt aber immer in einem Bereich von unter 2 ms. Dieser Umstand spricht für eine leistungsfähige Vernetzung zwischen den Verfügbarkeitszonen dieser Region. Die Paketumlaufzeit zwischen beiden Verfügbarkeitszonen bewegt sich über 24 Stunden im Bereich 1–2 ms.

Die Paketumlaufzeit zwischen der privaten Cloud und den europäischen und amerikanischen Regionen in EC2 verhält sich erstaunlich konstant und liegt bei ca. 100 ms (siehe Abbildung 7.6). Dieses Ergebnis ist besonders im Bezug auf die amerikanische EC2-Region erstaunlich. Es wäre eigentlich zu erwarten gewesen, dass die Paketumlaufzeit zwischen dem SCC und der amerikanischen EC2-Region signifikant

---

[4]Die Abkürzung ICMP steht für Internet Control Message Protocol. Dieses Protokoll wird zum Austausch von Statusinformationen und Fehlermeldungen verwendet.

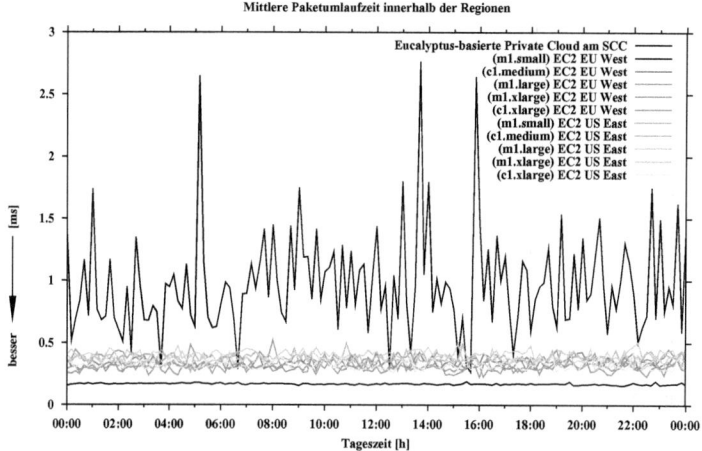

Abbildung 7.4: Paketumlaufzeit innerhalb der untersuchten Regionen

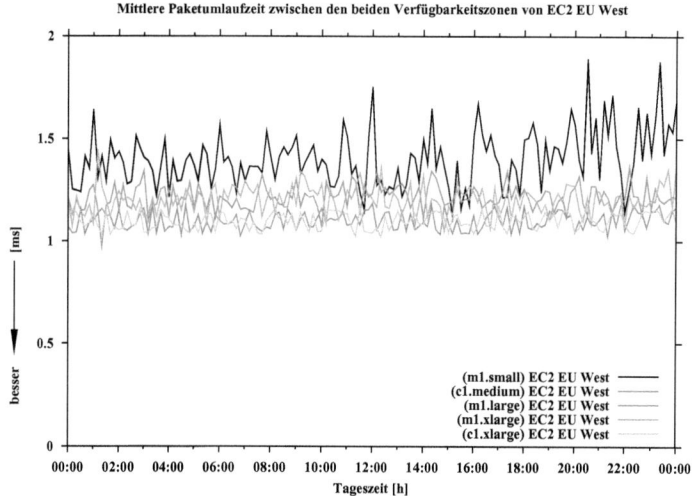

Abbildung 7.5: Paketumlaufzeit zwischen den beiden Verfügbarkeitszonen von EC2 EU West

schlechter ausfällt als zwischen dem SCC und der europäischen EC2-Region. Die Schwankungen bewegen sich jedoch größtenteils in einem Bereich von 10 ms, was lediglich ca. 10% entspricht.

Die Paketumlaufzeit zwischen den beiden untersuchten Regionen von EC2 ist über 24 Stunden sehr stabil und bewegt sich fast ausschließlich im Bereich 86–90 ms. Die Ergebnisse der Untersuchungen in Abbildung 7.7 decken ein Szenario ab, in dem virtuelle Maschinen gleicher Instanztypen verteilt über beide Regionen (eventuell zur Verbesserung der Verfügbarkeit) eine gemeinsame Infrastruktur bilden [13].

7.6.1 Ergebnisse der Leistungsevaluation im Bezug auf HPC

Wie aus den Ergebnissen hervorgeht, können private Cloud-Infrastrukturen bedingt für Anwendungen des Hochleistungsrechnens (HPC) wie z.b. parallele MPI-Jobs eingesetzt werden: Es kann aber dafür Sorge getragen werden, dass die Komponenten des Clusters entsprechend vernetzt sind. Die Verwendung von öffentlich zugänglichen Cloud-Infrastrukturen wie EC2 ist in diesem Bereich eher problematisch: Die instanzierten Maschinen sind u.U. räumlich weit getrennt und können allenfalls für lose gekoppelte MPI-Jobs verwendet werden. Weiterführende Arbeiten zu diesem Thema wurden von Zach Hill und Marty Humphrey [35] an der University of Virginia durchgeführt.

Eine hohe Leistung in EC2 versprechen die beiden Cluster-Instanztypen `cc1.4xlarge` und `cg1.4xlarge`. Mit diesen haben die Kunden die Möglichkeit, innerhalb der AWS nicht-virtualisierte, leistungsfähige Netzwerke zu nutzen.

7.7 Fazit zur Netzwerkverwaltung in Clouds

Virtuelle Netze können dabei helfen, die Sicherheit in Cloud-Infrastrukturen zu verbessern, weil sie die Ressourcen der einzelnen Benutzer abschirmen. Von den untersuchten Lösungen zum Aufbau eigener Infrastrukturdienste verwendet ausschließlich Eucalyptus VLANs.

Um dauerhaft verfügbare Server-Dienste mit Infrastrukturdiensten zu realisieren, sind elastische IP-Adressen nötig. Öffentlich verfügbare Infrastrukturangebote wie Amazon EC2, Rackspace und GoGrid, aber von den untersuchten Lösungen zum

Aufbau eigener Dienste ausschließlich Eucalyptus, ermöglichen den Kunden die elastische Arbeit mit IP-Adressen.

Mit dem Dienst Elastic Load Balancing (ELB) können die Kunden innerhalb jeder Verfügbarkeitszone von Amazon EC2 elastische Lastverteiler erzeugen. Von den untersuchten Lösungen zum Aufbau eigener Dienste bietet keine einen vergleichbaren Dienst. Ein ähnliches Bild bietet der Dienst Virtual Private Cloud (VPC), mit dem die Kunden ihre virtuellen Ressourcen über verschlüsselte VPN-Verbindungen in die lokale IT-Landschaft integrieren können. Auch hier bieten die untersuchten freien Lösungen keine vergleichbare Funktionalität.

Der untersuchte Netzwerkdurchsatz in der privaten Cloud mit Eucalyptus war wegen der geringen Auslastung im lokalen Netzwerk besser als in den beiden Regionen von EC2. Das gleiche gilt für die mittlere Paketumlaufzeit. Hier ist noch hervorzuheben, dass die Paketumlaufzeiten zwischen der privaten Cloud und den beiden untersuchten Regionen von EC2 erstaunlich konstant und sehr ähnlich sind.

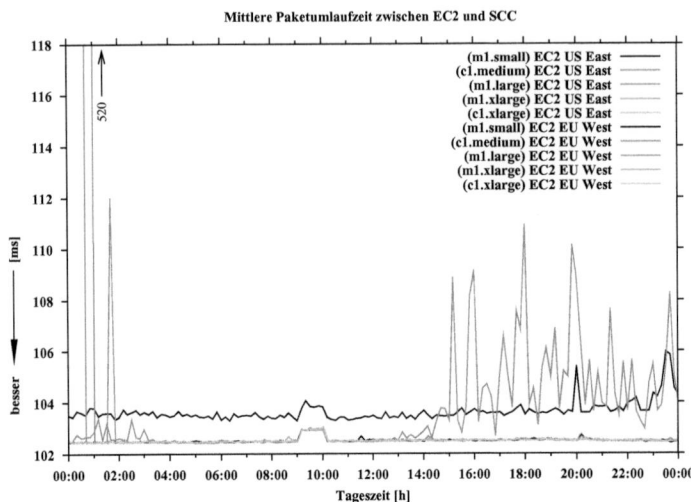

Abbildung 7.6: Paketumlaufzeit zwischen EC2 und der privaten Cloud am SCC

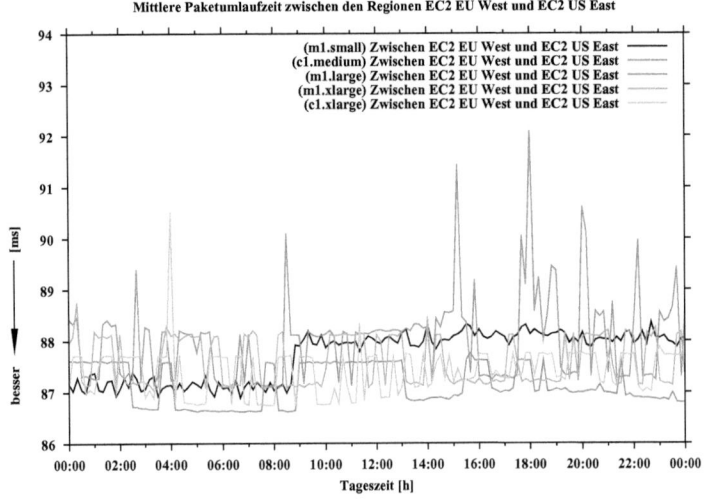

Abbildung 7.7: Paketumlaufzeit zwischen den Regionen von EC2

Kapitel 8

Interaktion mit Cloud-Diensten und Entwicklung eines Cloud-Marktplatzportals

Um mit unterschiedlichen Cloud-Diensten via SOAP oder REST zu arbeiten, existieren verschiedene Gruppen von Werkzeugen, die alle systembedingte Vor- und Nachteile aufweisen. Einige Einschränkungen sind aber auch von den jeweiligen Anbietern bzw. Herstellern gewollt. Um die Einschränkungen der existierenden Lösungen zu überwinden, wurde ein Werkzeug entwickelt, das mit einer großen Zahl verschiedener Cloud-Dienste zusammenarbeiten kann und sich als Basis zur Entwicklung eines Cloud-Marktplatzportals eignet.

8.1 Steuerung von Cloud-Diensten

Im Bereich öffentlich zugänglicher Infrastrukturdienste hat EC2 die weiteste Verbreitung und dadurch die Rolle eines de-facto Standards inne. Auch einige etablierte freie Lösungen zum Betrieb eigener Dienste ermöglichen den Kunden kompletten (Eucalyptus) oder zumindest teilweisen (u.a. Nimbus, OpenNebula und CloudStack) Ressourcenzugriff über die Schnittstellen populärer Dienste der AWS. Die bestehenden Werkzeuge zur Steuerung von Infrastruktur- und Speicherdiensten verteilen sich auf folgende Kategorien:

- Webanwendungen (Software as a Service)
- Lokal installierte Werkzeuge
  - Browser-Erweiterungen
  - Kommandozeilenwerkzeuge
  - Lokale Anwendungen mit grafischer Oberfläche
- Bibliotheken zur Entwicklung eigener Werkzuge

Die existierenden Anwendungen und Bibliotheken innerhalb dieser fünf Kategorien haben teilweise systembedingt, teilweise aber auch wegen den Geschäftsinteressen ihrer Anbieter, verschiedene Nachteile, wie z.B. unvollständige Unterstützung der angebotenen Dienste oder Inkompatibilität mit den Diensten von Konkurrenten.

8.1.1 Webanwendungen

Webanwendungen ermöglichen den Kunden die Wahrnehmung von Managementaufgaben über fast beliebige Browser und Betriebssysteme. Eine lokale Installation ist nicht nötig und somit sind die Kunden nicht an einzelne Arbeitsplätze gebunden. Beim Einsatz einer öffentlich verfügbaren Webanwendung sind die Zugangsdaten beim Anbieter der Management-Lösung gespeichert, was problematisch sein kann, wenn der Anbieter des Dienstes zur Steuerung nicht mit dem Anbieter des zu steuernden Dienstes identisch ist. Da bei proprietären Werkzeugen keine lokale Installation möglich ist, muss der Kunde dem Anbieter der Webanwendung in Bezug auf Datensicherheit und Datenschutz vertrauen. Fast alle Webanwendungen sind proprietäre Software. Bietet der Anbieter der Management-Software gleichzeitig öffentliche Dienste an, zeigt er üblicherweise kein Interesse an einer größeren Flexibilisierung und schränkt die Nutzbarkeit mit Diensten von Konkurrenten oder freien Lösungen nach Möglichkeit ein. Eine Übersicht über etablierte Webanwendungen zur Steuerung von Infrastruktur- und Speicherdiensten enthält Tabelle 8.1.

Proprietäre Webanwendungen wie die Management Console [91] von Amazon und der Google Storage Manager [139] arbeiten exklusiv mit den öffentlich zugänglichen Diensten des jeweiligen Anbieters zusammen. Zugangsdaten für private Dienste können nicht importiert werden. Der Dienst Ylastic [207] ist kostenpflichtig und arbeitet

Tabelle 8.1: Webanwendungen zur Steuerung von Cloud-Diensten

	AWS Console	Cloud42	Google Storage Manager	KOALA	Ylastic
Anbieter	Amazon	Frank Bitzer	Google	Christian Baun	Ylastic, LLC.
Lizenz	proprietär	LGPL v3	proprietär	Apache v2.0	proprietär
Nutzungsgebühr	—	—	—	—	$25/Monat
Amazon EC2	ja	ja	—	ja	ja
Amazon S3	ja	ja	—	ja	ja
Amazon EBS	ja	ja	—	ja	ja
Amazon ELB	ja	—	—	ja	ja
Eucalyptus	—	—	—	ja	ja
Walrus	—	—	—	ja	ja
Nimbus	—	—	—	ja	—
Cumulus	—	—	—	—	—
OpenNebula	—	—	—	ja	—
CloudStack	—	—	—	—	—
Google Storage	—	—	ja	ja	—
Anforderungen	beliebiger Browser, AWS Benutzerkonto	Java, Jetty, Maven und HSQL	beliebiger Browser außer Internet Explorer, Google Storage Benutzerkonto	beliebiger Browser, Google-Benutzerkonto oder private Cloud PaaS (AppScale oder typhoonAE)	beliebiger Browser außer Internet Explorer

ausschließlich mit den AWS und Eucalyptus zusammen. Eine Unterstützung für weitere zu den AWS kompatiblen Infrastrukturdienste wie Nimbus ist nicht enthalten. Cloud42 ist ein quelloffenes, in Java geschriebenes Werkzeug, das den Servlet/JSP-Container und Webserver Jetty [132], das Build-Management-Werkzeug Maven [142] und die relationale Datenbank HSQL [126] voraussetzt. Auf KOALA wird in Abschnitt 8.2 eingegangen.

8.1.2 Firefox Browser-Erweiterungen

Firefox Browser-Erweiterungen sind prinzipiell quelloffen[1]. Diese Tatsache führt aber nicht zwangsweise zu einer breiten Unterstützung verschiedener Dienste, da wie im Beispiel von S3Fox, die verwendete Softwarelizenz Erweiterungen verbieten kann. Nachteilig ist auch, dass Browser-Erweiterungen beim Kunden lokal installiert werden müssen und ausschließlich mit dem Firefox-Browser funktionieren. Die lokale Installation und kontinuierliche Weiterentwicklung der Cloud-Dienste durch die Anbieter macht die aktive Weiterentwicklung der Erweiterungen und regelmäßige Updates notwendig, was zu zusätzlichem Administrationsaufwand führt.

Tabelle 8.2 enthält eine Übersicht der etablierten Browser-Erweiterungen Elasticfox [106], Hybridfox [127] und S3Fox [168]. Bei Hybridfox handelt es sich um eine Abspaltung (englisch: Fork) von Elasticfox. Daher sind die Funktionalität und äußere Erscheinung nahezu identisch. S3Fox eignet sich ausschließlich zur Arbeit mit Amazon S3, da der Import von Zugangsdaten für andere Dienste nicht möglich ist.

---

[1]Dass der Quelltext von Firefox Browser-Erweiterungen prinzipiell einsehbar ist, liegt daran, dass die Erweiterungen im installierbaren Paketformat XPI (Cross Plattform Installer) vorliegen. Bei einem XPI handelt es sich um ein komprimiertes Archiv mit einer vom Firefox-Browser vorgegebenen Verzeichnishierarchie. Die Entwicklung der Erweiterungen erfolgt in der erweiterbaren Auszeichnungssprache XML und in Javascript.

Tabelle 8.2: Browser-Erweiterungen zur Steuerung von Cloud-Diensten

	ElasticFox	Hybridfox	S3Fox
Anbieter	Amazon	Hybridfox Community	Suchi Software Solutions
Lizenz	Apache v2.0	Apache v2.0	proprietär
Nutzungsgebühr	—	—	—
Amazon EC2	ja	ja	—
Amazon S3	—	—	ja
Amazon EBS	ja	ja	—
Amazon ELB	—	—	—
Eucalyptus	ja	ja	—
Walrus	—	—	—
Nimbus	—	—	—
Cumulus	—	—	—
OpenNebula	—	—	—
CloudStack	—	—	—
Google Storage	—	—	—
Anforderungen	Firefox Browser, lokale Installation	Firefox Browser, lokale Installation	Firefox Browser, lokale Installation

8.1.3 Kommandozeilenwerkzeuge

Kommandozeilenwerkzeuge eigenen sich zur Automatisierung häufig wiederkehrender Aufgaben. Wie Browser-Erweiterungen setzen sie eine lokale Installation auf den jeweils unterstützten Betriebssystemen voraus. Die lokale Installation macht regelmäßige Updates notwendig, was zusätzlichen Administrationsaufwand zur Folge hat. Ein weiterer Nachteil ist die nicht intuitive Benutzbarkeit durch die fehlende grafische Benutzeroberfläche. Tabelle 8.3 enthält eine Übersicht etablierter Kommandozeilenwerkzeuge zur Steuerung von Cloud-Diensten.

Die in Java entwickelten API-Tools von Amazon, die neben den hauseigenen öffentlichen Diensten auch mit schnittstellenkompatiblen privaten Diensten zusammenarbeiten, haben u.a. den Vorteil einer umfangreichen Dokumentation und gewachsenen

Stabilität. Zusätzlich übernimmt Amazon die Kundenbetreuung bei Problemen mit den eigenen Cloud-Diensten. Die in Python entwickelten Euca2ools [109] von Eucalyptus können ebenfalls prinzipiell mit allen zu den AWS kompatiblen Diensten arbeiten und basieren auf der Bibliothek boto (siehe Tabelle 5.2 auf Seite 45). Bei GSUtil [196] von Google, das ebenfalls auf boto basiert, und s3cmd [166] handelt es sich um Kommandozeilenwerkzeuge zur Steuerung von Speicherdiensten mit zu S3 kompatibler Schnittstelle.

Tabelle 8.3: Kommandozeilenwerkzeuge zur Steuerung von Cloud-Diensten

	API-Tools	Euca2ools	GSUtil	s3cmd
Anbieter	Amazon	Eucalyptus	Google	Michal Ludvig
Lizenz	Apache v2.0	BSD License	Apache v2.0	GPLv2
Nutzungsgebühr	—	—	—	—
Amazon EC2	ja	ja	—	—
Amazon S3	—	—	ja	ja
Amazon EBS	ja	ja	—	—
Amazon ELB	ja	—	—	—
Eucalyptus	ja	ja	—	—
Walrus	—	—	ja	ja
Nimbus	ja	ja	—	—
Cumulus	—	—	—	ja
OpenNebula	ja	ja	—	—
CloudStack	—	—	—	—
Google Storage	—	—	ja	—
Anforderungen	Lokale Installation, Java	Lokale Installation, Python	Lokale Installation, Python	Lokale Installation

8.1.4 Lokale Anwendungen mit grafischer Oberfläche

Neben den bereits erwähnten Webanwendungen, Browser-Erweiterungen und Kommandozeilenwerkzeugen existieren auch lokale Werkzeuge mit grafischer Oberfläche (siehe Tabelle 8.4). Ein Vorteil lokal installierter Anwendungen mit grafischer Oberfläche ist, dass die Zugangsdaten zu den verwendeten Diensten lokal auf dem Client des Kunden und nicht bei einem externen Dienstleister gespeichert werden. Ein weiterer Vorteil ist die bessere Integration in das Betriebssystem des Kunden. Beispielsweise werden die Statusleiste sowie der Update-Mechanismus des Betriebssystems verwendet. Auch der Leistungsumfang und die Geschwindigkeit der grafischen Oberfläche sind im Vergleich zu anderen Lösungen besser.

Tabelle 8.4: Lokale Anwendungen mit grafischer Oberfläche zur Steuerung von Cloud-Diensten

	Cloud Desktop	Cyberduck	EC2Dream
Anbieter	Gladinet	David Kocher	Neill Turner
Lizenz	proprietär	GPL	Apache v2.0
Nutzungsgebühr	$59.99/Jahr	—	—
Amazon EC2	—	—	ja
Amazon S3	ja	ja	—
Amazon EBS	—	—	ja
Amazon ELB	—	—	ja
Eucalyptus	—	—	ja
Walrus	—	ja	—
Nimbus	—	—	—
Cumulus	—	—	—
OpenNebula	—	—	—
CloudStack	—	—	—
Google Storage	ja	ja	—
Anforderungen	Lokale Installation, Windows	Lokale Installation, Windows, MacOS X	Lokale Installation, Windows, MacOS X oder Linux

Das in Ruby entwickelte EC2Dream [105] ermöglicht die Steuerung von Amazon EC2, EBS, ELB. Zusätzlich werden der Relational Database Service (RDS) und Infrastrukturdienste auf Basis von Eucalyptus unterstützt. Mit der freien Software Cyberduck [93] können die Kunden verschiedene Speicherdienste lokal unter Microsoft Windows und MacOS X einbinden und Verzeichnisse synchronisieren. Eine vergleichbare Funktionalität hat das proprietäre Produkt Gladinet Cloud Desktop [96], das die Speicherdienste S3 und Google Storage unterstützt.

8.1.5 Bibliotheken

Neben den in diesem Kapitel bereits vorgestellten Werkzeugen existieren Bibliotheken zur Interaktion mit den AWS und schnittstellenkompatiblen Diensten. Amazon selbst stellt für seine Dienste verschiedene Bibliotheken bereit. Eine Auswahl an Bibliotheken befindet sich in Tabelle 5.2 auf Seite 45.

8.2 Konzeption eines idealen Werkzeugs

Ein Werkzeug zur Interaktion mit Cloud-Diensten sollte möglichst viele verschiedene Infrastruktur- und Speicherdienste unterstützen. Gleichzeitig sollte die Lösung selbst über das Internet verfügbar sein, um eine lokale Installation mit ihren systembedingten Nachteilen überflüssig zu machen. In Einsatzszenarien, in denen eventuell wegen Sicherheits- oder Datenschutzbedenken ein externer Betrieb nicht empfehlenswert oder möglich ist, sollte es für die Kunden auch möglich sein, das Werkzeug lokal zu betreiben.

Aus Gründen des großen Funktionsumfangs und wegen der Unterstützung einer großen Anzahl an Diensten der AWS, empfiehlt sich die Python-Bibliothek boto [82]. Die somit notwendige Fixierung auf die Programmiersprache Python und der Wunsch, die Lösung über das Internet und kostenfrei, sowie auch rein lokal betreiben zu können, führten zu einer Entscheidung für den Plattformdienst Google App Engine, da für diesen auch freie Reimplementierungen existieren. Ein weiterer Aspekt, der für die App Engine spricht, ist die Integration des Web-Frameworks Django [99], das die Entwicklung dynamischer Webanwendungen unterstützt. Die Speicherung der Benutzerdaten kann im Datastore erfolgen.

Die Entwicklung einer Webanwendung, um zu den AWS kompatible Dienste zu steuern, erfolgte im Rahmen der vorliegenden Arbeit unter dem Namen KOALA[2] Cloud Manager [140]. KOALA unterstützt verschiedene Infrastruktur- und Speicherdienste

---

[2]KOALA steht für **K**arlsruhe **O**pen **A**pplication for c**L**oud **A**dministration.

sowie den Dienst für elastische Lastverteiler Amazon ELB (siehe Abbildung 8.1 und Tabelle 8.5).

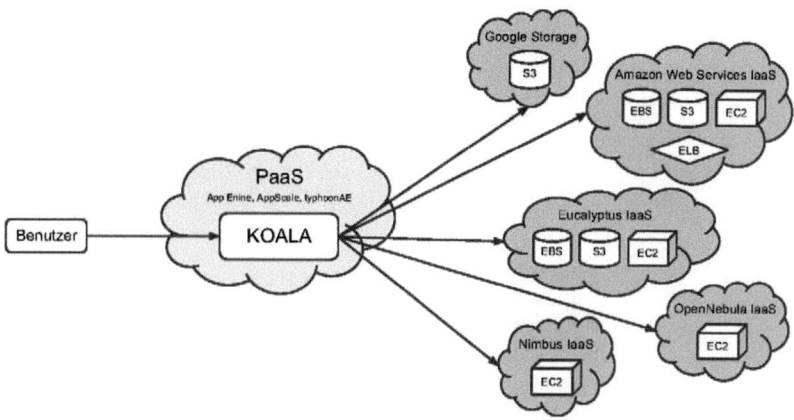

Abbildung 8.1: Steuerung von Cloud-Diensten mit KOALA

Tabelle 8.5: Von KOALA unterstützte Dienste

Name	Dienstkategorie	Schnittstelle
Amazon EC2	Infrastrukturdienst	EC2
Eucalyptus	Infrastrukturdienst	EC2
Nimbus	Infrastrukturdienst	EC2
OpenNebula	Infrastrukturdienst	EC2
Amazon EBS	Speicherdienst	EBS
Storage Controller	Speicherdienst	EBS
Amazon S3	Speicherdienst	S3
Google Storage	Speicherdienst	S3
Walrus	Speicherdienst	S3
Amazon ELB	Lastverteiler	ELB

Um über KOALA auf die unterstützten Dienste zugreifen zu können, müssen die Kunden mit den Dienstanbietern in Kontakt treten, um von diesen persönliche Zugangsdaten zu erhalten. Alternativ müssen die Kunden selbst private Dienste betreiben. Ihre persönlichen Zugangsdaten können die Kunden anschließend in KOALA importieren. Die Kunden können über KOALA nicht auf die Zugangsdaten anderer Kunden zugreifen oder sich gegenseitig Ressourcen zugänglich machen.

8.2.1 Datenbankschema

Die Zugangsdaten der Kunden speichert KOALA in der Tabelle KoalaCloudDatenbank im persistenten Datastore[3]. Jede Zeile der Tabelle ist gleichbedeutend mit den Zugangsdaten eines Kunden zu einem Dienst. Eine Übersicht über die Spalten der Tabelle und deren Inhalt befindet sich in Tabelle 8.6. Die Zugangsdaten der Kunden bei KOALA werden aus Sicherheitsgründen verschlüsselt gespeichert. Die Authentifizierung der Kunden erfolgt mit Hilfe von Google-Benutzerkonten bzw. bei alternativen Plattformdiensten mit Hilfe der dortigen Benutzerkonten.

Tabelle 8.6: Spalten der Tabelle KoalaCloudDatenbank mit den Benutzerdaten

Spalte	Inhalt
accesskey	Access Key. Benutzername für den Cloud-Dienst Beispiel: AKIAJJDAAKPYSCZSCIKA
date	Datum, wann der Eintrag im Datastore angelegt wurde Beispiel: 2010-12-20 23:15:54
endpointurl	Adresse (URL) des Dienstes Beispiel: ec2.amazonaws.com
port	Port-Nummer des Dienstes Beispiel: 8773
regionname	Vom Kunden frei festzulegender Name für den Zugang Beispiel: Eucalyptus_SCC
secretaccesskey	Secret Access Key. Passwort für den Cloud-Dienst Beispiel: QQwcM2AsPA5ULjsYF385KgRDKBVBewoSL...
user	Benutzername des Kunden im Plattformdienst Beispiel: baun@kit.edu
zugangstyp	Art des Cloud-Dienstes (z.B. Amazon, Eucalyptus...) Beispiel: Amazon

Die gesamte grafische Oberfläche von KOALA ist im HTML 4.01 Transitional Standard implementiert. Auf Adobe Flash oder vergleichbare, proprietäre Technologien wird verzichtet. Dadurch haben die Kunden die Möglichkeit, die Lösung mit Hilfe aller gängigen Browser ohne Einschränkungen zu verwenden. Die grafische Oberfläche ist zudem komplett in deutscher und englischer Sprache verfügbar. In der

---

[3]Der Datastore basiert auf BigTable [23] von Google und ist ein verteilter Datenspeicherdienst für die Verwaltung großer Datenmengen mit Transaktionssicherheit, aber ohne relationales Datenschema. Folglich existiert im Datastore keine Unterscheidung in Primär- und Sekundärschlüssel. Der Inhalt einer Tabelle ist beliebig, und es existiert keine Unterstützung von Transaktionen über mehrere Zeilen einer Tabelle in der BigTable.

Datastore-Tabelle `KoalaCloudDatenbankSprache` (siehe Tabelle 8.7) existiert für jeden Kunden eine Zeile mit den Spalten `sprache`, die die zuletzt vom Kunden ausgewählte Sprache und `user`, die den Benutzernamen des Kunden in der Cloud-Plattform enthält.

Tabelle 8.7: Spalten der Tabelle `KoalaCloudDatenbankSprache` mit der Sprachauswahl der Benutzer

Spalte	Inhalt
user	Benutzername des Kunden in der Cloud-Plattform Beispiel: `baun@kit.edu`
sprache	Ausgewählte Sprache des Benutzers Beispiel: `de`

Die Kunden können Zugangsdaten zu unterschiedlichen Diensten importieren. Sie können aber zu jeder Zeit immer nur mit einem einzigen Dienst arbeiten. Aus diesem Grund existiert in der Datastore-Tabelle `KoalaCloudDatenbankAktiveZone` für jeden Kunden exakt eine Zeile mit den Spalten `aktivezone`, `user` und `zugangstyp`. Die Spalte `user` enthält wieder den Benutzernamen des Kunden in dem Plattformdienst, in dem KOALA läuft. Die Spalte `aktivezone` enthält einen vom Kunden frei festzulegenden Namen für den aktuell ausgewählten Dienst und die Spalte `zugangstyp` die Art des Dienstes (siehe Tabelle 8.8).

Tabelle 8.8: Spalten der Tabelle `KoalaCloudDatenbankSprache` mit der aktiven Zone der Benutzer

Spalte	Inhalt
aktivezone	Vom Kunden ausgewählte Zone Beispiel: `Nimbus_Chicago`
user	Benutzername des Kunden in der Cloud-Plattform Beispiel: `baun@kit.edu`
zugangstyp	Art des Cloud-Dienstes (z.B. Amazon, Eucalyptus...) Beispiel: `Amazon`

8.2.2 Plattformdienste als Basis für KOALA

Die Installation von KOALA kann innerhalb des Plattformdienstes Google App Engine oder innerhalb eines zur App Engine kompatiblen Dienstes wie AppScale oder typhoonAE erfolgen. AppScale selbst kann in Amazon EC2 und in einer auf Eucalyptus basierenden Infrastruktur laufen. Der Plattformdienst typhoonAE kann in beliebigen Linux oder MacOS X Umgebungen betrieben werden. Läuft KOALA in AppScale, ist es möglich, KOALA innerhalb der zu steuernden Infrastruktur zu betreiben (siehe Abbildung 8.2). Somit können die Kunden eine Cloud-Infrastruktur aus sich selbst heraus steuern.

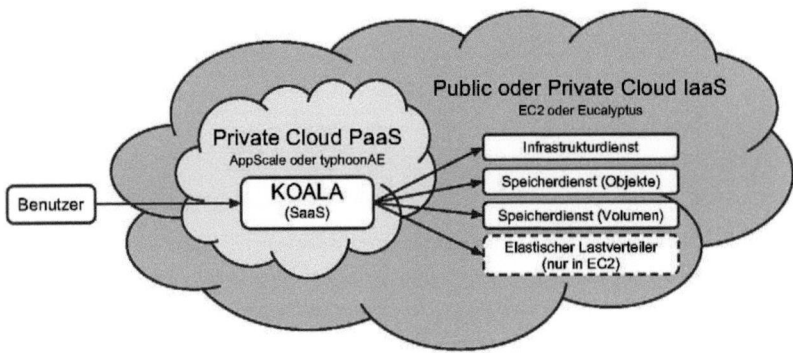

Abbildung 8.2: Steuerung einer Cloud-Infrastruktur aus einer privaten Cloud-Plattform heraus, die selbst innerhalb der zu steuernden Infrastruktur läuft.

Der Betrieb von KOALA in einem eigenen Plattformdienst wie AppScale oder typhoonAE kann das Entstehen von Sicherheits- und Datenschutz-Problemen verhindern, da bei einem solchen Vorgehen die Zugangsdaten nicht bei einem externen Anbieter, wie z.B. Ylastic, gespeichert werden.

8.2.3 Arbeit mit KOALA

Sobald die Kunden ihre Zugangsdaten für mindestens einen Infrastrukturdienst in KOALA importiert haben, können sie eine verfügbare Region auswählen (siehe Abbildung 8.3) und die Liste der in dieser Infrastruktur existierenden Verfügbarkeitszonen anfordern (siehe Abbildung 8.4).

Sicherheitsgruppen und deren Firewall-Regelwerk sowie Schlüsselpaare können die Kunden in jeder Region, für die sie korrekte Zugangsdaten importiert haben, erzeugen und bei Bedarf löschen (siehe Abbildung 8.5).

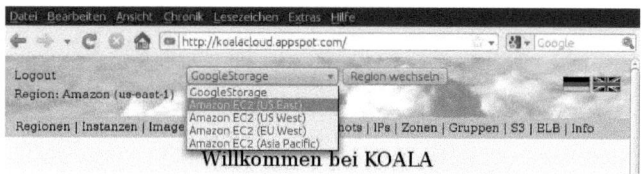

Abbildung 8.3: Die aktive Region wechseln

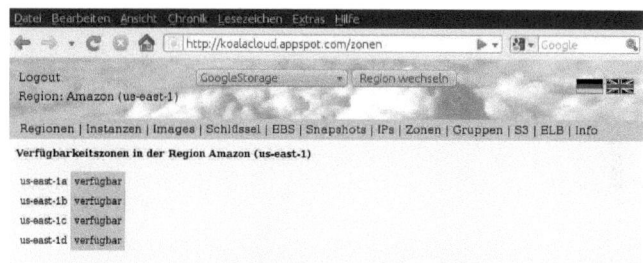

Abbildung 8.4: Liste der Verfügbarkeitszonen in KOALA

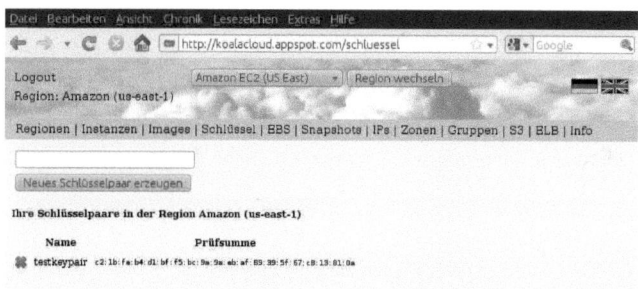

Abbildung 8.5: Liste der Schlüsselpaare in KOALA

Die Kunden können von privaten Infrastrukturdiensten, für die sie Zugangsdaten in KOALA importiert haben, eine Liste der verfügbaren Images anfordern. Speziell bei den Images in EC2 müssen die Kunden eine Einschränkung hinnehmen. Amazon ermöglicht es nicht, auf Serverseite diese Liste der Images einzuschränken. Da die Liste abhängig von der jeweiligen Region mehrere tausend Einträge enthält, dauert das Anfordern und Verarbeiten mehrere Sekunden. Hierbei kommt es bei der App Engine zum Timeout. Darum ermöglicht KOALA den Kunden, für EC2 eine Liste mit ihnen bekannten Favoriten-Images zu verwalten und über diese Liste Instanzen zu starten (siehe Abbildung 8.6). Da in privaten Infrastrukturen üblicherweise maximal einige hundert Images existieren, sind hier keine Probleme beim Anfordern der Liste der Images zu erwarten. Um den Benutzern von KOALA die Arbeit mit EC2 und besonders den Einstieg zu erleichtern, enthält KOALA eine Liste bekannter Linux-Images mit denen die Kunden sofort Instanzen starten können, auch wenn sie bisher noch keine AMIs kennen.

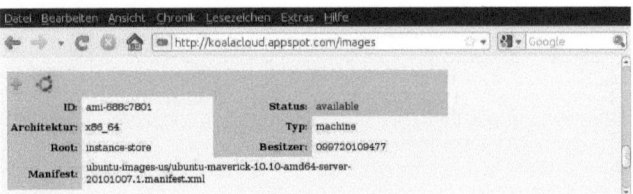

Abbildung 8.6: Liste der Images in KOALA

Die Kunden können neue Instanzen erzeugen, laufende Instanzen kontrollieren, neustarten und beenden (siehe Abbildung 8.7). Es ist auch möglich, die Konsolenausgabe von Instanzen auszugeben und somit den Ablauf des Startprozesses zu kontrollieren. Um dauerhaft verfügbare Server-Dienste in Infrastrukturdiensten zu realisieren, können die Kunden elastische IP-Adressen erzeugen, mit ihren Instanzen verknüpfen, von ihren Instanzen lösen und wieder freigeben (siehe Abbildung 8.8).

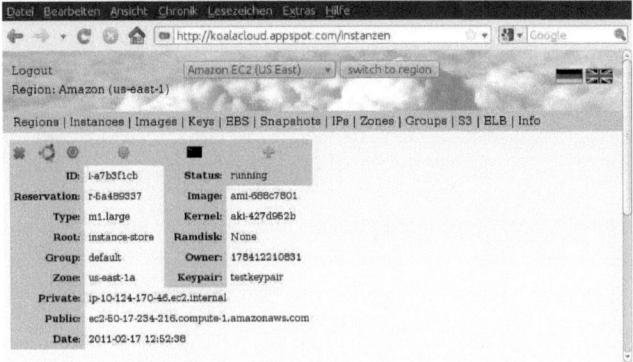

Abbildung 8.7: Liste der Instanzen in KOALA

EBS-Volumen können die Kunden in Amazon EC2 und Infrastrukturen mit Eucalyptus anlegen, an eigene Instanzen anhängen und von den Instanzen wieder lösen sowie löschen (siehe Abbildung 8.9). Die Kunden können auch von ihren EBS-Volumen sogenannte Snapshots erzeugen und diese zu jeder Zeit wieder löschen.

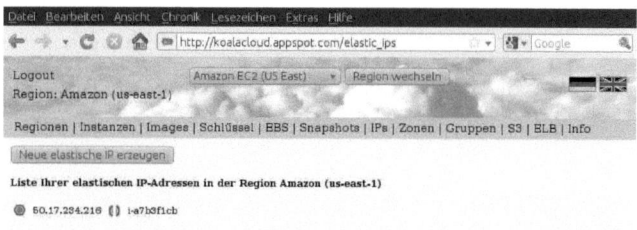

Abbildung 8.8: Liste der elastischen IP-Adressen in KOALA

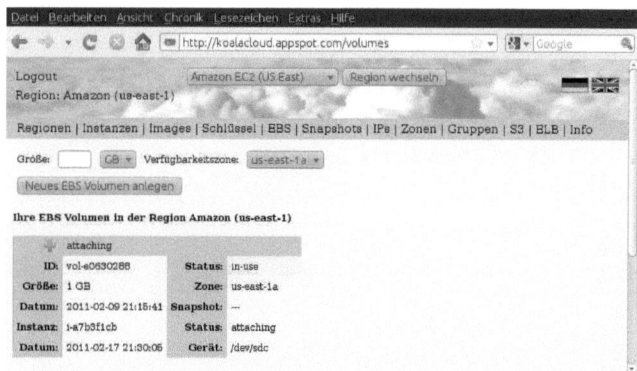

Abbildung 8.9: Liste der EBS-Volumen in KOALA

Zudem ermöglicht KOALA das Anlegen elastischer Lastverteiler (Load Balancer) in EC2, deren Konfiguration und das spätere Entfernen.

Neben der Arbeit mit Infrastrukturdiensten ist KOALA auch ein flexibles Werkzeug zur Arbeit mit Speicherdiensten, die zu S3 kompatibel sind. Die Kunden können eine Darstellung, die den Inhalt der Buckets exakt wiedergibt und eine Komfort-Darstellung nutzen. Da S3 einen flachen Namensraum hat, existieren in S3 keine Verzeichnisse, sondern nur Objekte. Die Komfort-Darstellung emuliert Verzeichnisse so, wie die Firefox-Erweiterung S3Fox und der Google Storage Manager. Bestimmte Objekte, die auf den Namen `_$folder$` enden, dienen als Platzhalter für Verzeichnisse. Der Name (Key) eines Objekts, das einem Verzeichnis zugeordnet werden soll, hat das Namensschema `verzeichnis/unterverzeichnis/dateiname`. Die Kunden können mit KOALA neue Buckets in Amazon S3 und Walrus anlegen und bestehende löschen. Objekte können die Kunden via POST direkt in die Speicherdienste hochladen und wieder entfernen sowie deren Zugriffsberechtigungen, die sogenannte Access Control List (ACL), kontrollieren und ändern.

8.2.4 Optimierung der Ausgabe für mobile Geräte

Da die gesamte grafische Oberfläche von KOALA ausschließlich in HTML realisiert ist, konnte KOALA von Anfang an auch mit Mobiltelefonen wie dem Apple iPhone oder Geräten mit Google Android [75] ohne Einschränkungen verwendet werden. Die grafische Oberfläche war aber nicht für Bildschirme mit geringen Auflösungen, wie sie für Mobiltelefone typisch sind, ausgelegt. Ebenso erfordert die Bedienung einer Software mit berührungsempfindlichen Bildschirmen unter Verzicht von Maus und Tastatur besondere Sorgfalt beim Design der grafische Oberfläche. Um die Bedienung von KOALA für Mobiltelefone oder Geräte mit vergleichbarer Ausstattung zu optimierten, existieren verschiedene Alternativen:

- Entwicklung einer nativen Anwendung für jede gewünschte Plattform

- Entwicklung einer Webanwendung, die für mobile Geräte optimiert ist

Die Entwicklung einer nativen Anwendung hat u.a. den Vorteil der im Vergleich zu Webanwendungen besseren Integration in das Betriebssystem und dessen optische Erscheinung. Ein weiterer Vorteil nativer Anwendungen gegenüber Webanwendungen ist, dass sie auch ohne Verbindung zum Internet werden können. Von Nachteil ist aber, dass für jedes Betriebssystem bzw. jede Plattform eine eigene native Anwendung zu entwickeln und zu pflegen ist. Für die Kunden bedeutet die Installation und das Einspielen der Updates einen erhöhten Administrationsaufwand. Die Unterschiede der etablierten Plattformen wie iPhone, Android und Blackberry machen die Entwicklung und Pflege mehrerer nativer Anwendungen zu einer komplexen Aufgabe.

Die genannten Gründe waren ausschlaggebend für die Entwicklung einer für Mobiltelefone und vergleichbare Geräte optimierten Version von KOALA (siehe Abbildungen 8.10, 8.11, 8.12 und 8.13).

Eine Möglichkeit, Webinhalte für mobile Endgeräte anzupassen, ist die Unterscheidung der Ausgabegeräte über das `media`-Attribut bei der Einbindung der Cascading Style Sheets[4] und somit die Verwendung separater Stylesheets für unterschiedliche Ausgabegeräte. Ein Nachteil dieses Vorgehens ist, dass die Entscheidung darüber, wie sich ein Ausgabegerät identifiziert, alleine beim verwendeten Browser liegt. Geräte wie das iPhone und einige Android-Mobiltelefone ignorieren die Angabe `media="handheld"` und greifen stattdessen auf das Standard-Stylesheet zu, das über die Attribute `media="all"` oder `media="screen"` eingebunden wird.

Auch die Abfrage der Breite des Browserfensters oder der Bildschirmauflösung [63] ist eine Möglichkeit. 480 Pixel ist die Bildschirmbreite bei vertikaler Ausrichtung beim iPhone, iPhone 3G(S) und einer großen Zahl vergleichbarer Mobiltelefone. Geräte neuerer Generation haben eine höhere Auflösung. So hat z.b. das iPhone 4 bei vertikaler Ausrichtung eine Breite von 960 Pixeln und das HTC Desire eine Breite von 800 Pixeln. Die unterschiedlichen Bildschirmauflösungen der Endgeräte machen eine Unterscheidung anhand der Bildschirmbreite schwierig.

Eine alternative Möglichkeit die Endgeräte zu unterscheiden ist die Abfrage der Browserkennung via JavaScript. Somit ist es für Webanwendungen möglich, unabhängig von der Bildschirmbreite oder der Breite des Browserfensters, unterschiedliche grafische Oberflächen für bestimmte Geräte vorzuhalten. Diese Art der Unterscheidung ist auch in KOALA implementiert.

8.2.5 Herausforderungen bei der Entwicklung

Trotz der Tatsache, dass Infrastrukturdienste mit Eucalyptus, Nimbus und OpenNebula die Schnittstelle von Amazon EC2 und zum Teil auch von EBS und S3 anbieten, verhalten sich die Dienste je nach Anwendung unterschiedlich. So werden beispielsweise bei S3 und Google Storage die MD5 Prüfsummen der Objekte immer von doppelten Anführungszeichen umschlossen. In Walrus ist dieses nicht der Fall. Auch bei den Fehlermeldungen ist das Verhalten der Dienste nicht immer identisch.

---

[4]Ein Cascading Style Sheet (CSS) oder einfach nur Stylesheet enthält Anweisungen, um HTML-Elemente exakt zu formatieren und positionieren. Mit Stylesheets können für verschiedene Ausgabemedien unterschiedliche Darstellungen definiert werden.

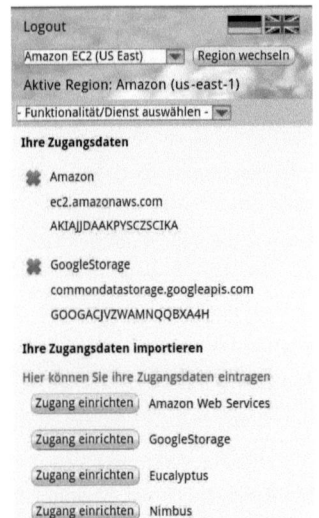

Abbildung 8.10: Liste der Zugangsdaten in KOALA (Mobilversion)

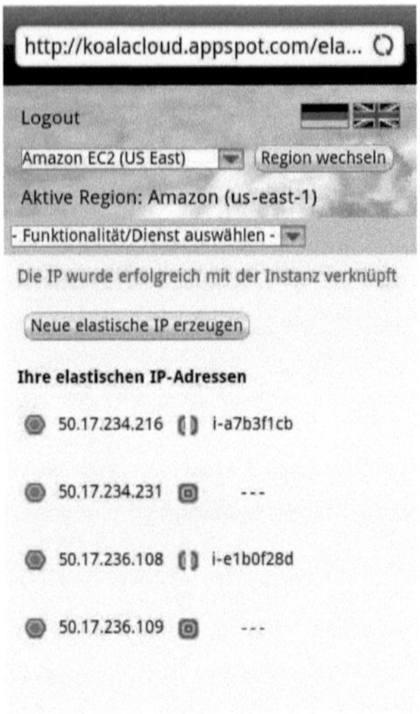

Abbildung 8.11: Liste der elastischen IP-Adressen in KOALA (Mobilversion)

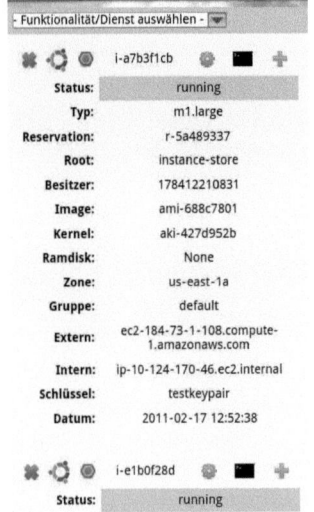

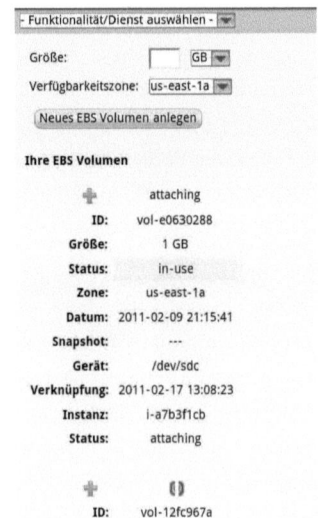

Abbildung 8.12: Liste der Instanzen in KOALA (Mobilversion)

Abbildung 8.13: Liste der EBS-Volumen in KOALA (Mobilversion)

Hinzu kommt, dass OpenNebula und Nimbus nur wenige Funktionsaufrufe von EC2 unterstützen. So gibt es z.b. bei beiden Lösungen keine Sicherheitsgruppen und Speicherdienste. Auch Eucalyptus unterstützt nicht alle Funktionsaufrufe von EC2 und bietet weniger Instanztypen als EC2.

Ein weiteres Problem sind die nutzbaren Ports. Läuft KOALA in der Google App Engine, ist die Kommunikation zwischen KOALA und den verwendeten Diensten nur über die Ports 80, 443, 4443, 8080-8089, 8188, 8444 und 8990 möglich, da die App Engine keine weiteren Ports zulässt. Die Standard-Ports von Eucalyptus (8773), OpenNebula (8442) und Nimbus (4567) sind somit aus der AppEngine heraus nicht erreichbar. Darum müssen diese Infrastrukturdienste auf andere Ports wie 8188 umgeleitet werden, was die Kunden aber nur dann selbst bewerkstelligen können, wenn sie die betroffenen Dienste auch selbst administrieren. In Plattformdiensten, die mit AppScale oder typhoonAE realisiert werden, existieren keine Einschränkungen bzgl. der verwendeten Ports.

Ein weiteres Problem besteht darin, dass es nicht möglich ist, über die Schnittstelle der AWS Listen serverseitig zu filtern. Dadurch ist es z.b. in der App Engine nicht möglich, die Liste der Images in Amazon EC2 anzufordern und zu verarbeiten.

8.2.6 Evaluation

Ein Vorteil des Werkzeugs KOALA gegenüber den bekannten Browser-Erweiterungen (siehe Tabelle 8.2) ist die Flexibilität bzgl. des eingesetzten Browsers. KOALA benötigt nicht zwingend den Firefox Browser sondern kann mit allen gängigen Browsern verwendet werden. Auch ist im Gegensatz zu den Browser-Erweiterungen und sonstigen Werkzeugen (siehe Tabelle 8.3) keine lokale Installation nötig. Zudem ist bei einer Webanwendung wie KOALA keine Abhängigkeit zu einem bestimmten physischen Client gegeben.

Läuft KOALA in der App Engine, muss der Kunde dem Anbieter des Cloud-Dienstes (in diesem Fall Google) bezüglich Datenschutz und Verfügbarkeit des Dienstes vertrauen. Die Möglichkeiten, die sich aus der Tatsache ergeben, dass KOALA selbst auch in alternativen Plattformdiensten laufen kann, sind vielfältig. So ist es z.B. möglich KOALA als Paid-Instance in EC2 anzubieten.

Ein Vorteil von KOALA gegenüber allen anderen Werkzeugen zur Steuerung von Infrastruktur- und Speicherdiensten ist die Unterstützung der AWS, Eucalyptus,

OpenNebula und Nimbus gleichermaßen. KOALA ist das Werkzeug, das die meisten verschiedenen Cloud-Dienste unterstützt. KOALA kann potentiell mit allen zu den AWS kompatiblen öffentlichen und privaten Cloud-Diensten zusammenarbeiten. Nachteilig ist, dass nicht alle Funktionen von EC2, S3, EBS und ELB implementiert sind und keine Kundenbetreuung von einem großen Dienstleister wie Amazon besteht.

Weitere Arbeiten an KOALA bzgl. der Implementierung neuer Funktionen finden laufend statt. Die nächsten Schritte sind u.a. die Integration der Unterstützung für den Speicherdienst Cumulus. Sobald weitere Dienste Schnittstellen der AWS anbieten, kann die Unterstützung für diese Dienste zeitnah in KOALA integriert werden. KOALA selbst ist freie Software und steht unter der Apache License, Version 2.0. Der Quelltext ist auf der Projektseite [133] verfügbar.

Kapitel 9

Technologische Anforderungen an einen Cloud-Marktplatz

Alle etablierten Anbieter öffentlich zugänglicher Cloud-Infrastrukturen wie der AWS, Rackspace, FlexiScale, GoGrid und Microsoft Azure bieten unterschiedliche Schnittstellen mit verschiedenen Fähigkeiten. Zusätzlich existieren Organisationen wie die Open Cloud Computing Interface Working Group (OCCI) [123] mit dem Ziel, anbieterunabhängige Schnittstellen für das Cloud Computing zu schaffen. Eine anbieterübergreifende Einigung auf eine offene Schnittstelle ist in naher Zukunft unwahrscheinlich, da die Dienstanbieter üblicherweise darin bestrebt sind, ihre Angebote von denen der Konkurrenz abzuschotten [34]. Lediglich die Schnittstelle der AWS kann wegen der Existenz von Lösungen mit kompatibler Schnittstelle und die Vielzahl der verfügbaren Bibliotheken und Werkzeuge als de-facto Standard bezeichnet werden [53].

Um die Entwicklung von Cloud-Anwendungen anbieterübergreifend für unterschiedliche Schnittstellen zu vereinfachen, entwickeln Projekte wie Dasein [94] und Libcloud [134] Bibliotheken für Python und Java, die die Schnittstellen verschiedener öffentlich zugänglicher Cloud-Infrastrukturen unterstützen und selbst anbieterunabhängige Schnittstellen realisieren. Diese Schnittstellen ermöglichen ausschließlich die Arbeit mit Instanzen in Infrastrukturdiensten und, im Fall von Dasein, zusätzlich mit blockbasierten Speicherdiensten. Zu objektbasierten Speicherdiensten wie S3 oder elastischen Lastverteilern sind diese Bibliotheken nicht kompatibel. Die Entwicklung eigener Anwendungen für eine anbieterunabhängige Schnittstelle ist ein

Risiko für die Entwickler, da Änderungen an den Funktionalitäten und Schnittstellen der Dienste eventuell nicht zeitnah unterstützt werden.

Die in Kapitel 4 vorgestellten Infrastruktur- und Plattformdienste bieten bis auf wenige Ausnahmen keine Interaktion mit anderen Diensten. So ist es zwar möglich, eine Software zu entwickeln, die mit verschiedenen zu den AWS kompatiblen Diensten interagiert, darüber hinaus gibt es aber kaum Verknüpfungsmöglichkeiten. Eine Ausnahme ist OpenNebula, das in der Lage ist, andere zu EC2 kompatible Dienste zu steuern. Es existiert aber keine Möglichkeit, die Dienste unterschiedlicher Anbieter in Form eines Marktplatzes nahtlos zu bündeln. Gerade ein Cloud-Marktplatz mit der Möglichkeit des Preisvergleichs, automatisierter Dienstauswahl und einer einheitlichen Benutzeroberfläche wäre für die Kunden eine Erleichterung bei der Auswahl und gleichzeitigen Nutzung verschiedener Dienste. Ein Ansatz in Richtung eines Marktplatzes ist Zeel [34], das aber ausschließlich die automatisierte Auswahl physischer Ressourcen für den Betrieb virtueller Serverinstanzen ermöglicht. Speicherdienste und elastische Lastverteiler können über Zeel nicht angesprochen werden.

9.1 Leistungsaspekte der Schnittstellen

Ein Hindernis für die Realisierung eines Cloud-Marktplatzes liegt im Funktionsumfang der Schnittstellen etablierter Infrastruktur- und Speicherdienste, denn den Schnittstellen fehlen einige für einen Marktplatz hilfreiche oder notwendige Funktionen.

9.1.1 Abfrage von freien Ressourcen, Dienstgüte und Preis

Bei öffentlich angebotenen Diensten können die Kunden davon ausgehen, dass die Hersteller zu jeder Zeit ausreichend freie Ressourcen vorhalten. In einer privaten Cloud ist das aber nicht zwingend der Fall. Darum wäre es hilfreich, wenn über die Schnittstelle der AWS die freien Ressourcen einer Infrastruktur abgefragt werden könnten, was jedoch nicht möglich ist. Die einzige Möglichkeit, über die Schnittstelle der AWS zu erfahren, dass keine weiteren oder nicht ausreichend Ressourcen frei sind, besteht darin, wenn der Kunde versucht den Dienst in seinem Sinne zu nutzen und eine Fehlermeldung erhält.

Ebensowenig ist es möglich, den Preis und die Dienstgüte einer Ressource über die AWS-Schnittstelle zu erfahren. Das bedeutet, dass die Preise und Dienstgüte für die in einem Cloud-Marktplatz integrierten Ressourcen manuell eingepflegt und laufend aktualisiert werden müssen. Die Implementierung einer solchen Fähigkeit in quelloffene Lösungen zum Betrieb eigener Dienste ist möglich, hätte aber keinen Einfluss auf die existierenden öffentlichen Dienstanbieter und wäre somit eine Nischenlösung.

Alternativ bietet sich die Etablierung eines unabhängigen Dienstes an, dessen Aufgabe das Vorhalten der aktuellen Preise und Dienstgüten von Ressourcen etablierter öffentlicher Cloud-Dienste ist. Die Pflege und der laufende Betrieb eines solchen unabhängigen Dienstes ist aber mit Kosten verbunden, für deren Deckung zumindest im Rahmen eines anbieterunabhängigen, freien Projekts bis dato kein tragfähiges Geschäftsmodell existiert. Da die Anbieter öffentlich zugänglicher Diensten ihre Preise und Dienstgüten ohne vorherige Ankündigung in unregelmäßigen Abständen ändern, würde eine manuelle Pflege der Ressourcenpreise zu veralteten Preisangaben führen und somit zu Kundenentscheidungen, die auf falschen Voraussetzungen basieren. Eventuelle Haftungsansprüche der Kunden gegen den Betreiber eines Marktplatzes sind dann gegebenenfalls zu klären und machen den Betrieb des Marktplatzes eventuell zu einem juristischen Risiko.

9.1.2 Monitoring und Accounting

Ein Cloud-Marktplatz sollte in der Lage sein, möglichst viele Dienste unterschiedlicher Anbieter zu integrieren und transparent nutzbar zu machen. Es genügt aber nicht, nur die Dienste selbst unter einer einheitlichen Oberfläche erreichbar zu machen. Auch die Messung des Ressourcenverbrauchs wie verbrauchte Rechenzeit, verwendeter Hauptspeicher und persistenter Speicher sowie die spätere Erstellung einer Rechnung über die genutzten Dienste und deren Ressourcen ist notwendig. Die öffentlich angebotenen Dienste verfügen über ein internes Accounting. Die Kunden können die Menge der von ihnen verbrauchten Ressourcen und den Stand der aktuellen Rechnung auf den Webseiten der Anbieter kontrollieren. Die Abfrage dieser Daten über eine Schnittstelle und der Einbau dieser Funktionalität in einen anbieterübergreifenden Marktplatz ist aktuell nicht möglich.

Die untersuchten Lösungen zum Aufbau eigener Dienste bieten (Stand: März 2011) mit Ausnahme des Accounting-Moduls [68] für OpenNebula bislang keine entsprechende Funktionalität. Eine Lösung zur Messung des Ressourcenverbrauchs und späteren Abrechnung für Infrastrukturen mit Eucalyptus wurde zwischen März und Juli 2010 erstmalig am SCC entwickelt [41].

9.1.3 Eingeschränkte Benutzerinformationen

Es ist nicht möglich, über die Schnittstellen der AWS Informationen über die Benutzerkonten abzufragen. So ist es zwar möglich, den Anbieter eines Images oder Snapshots in Form von dessen interner Identifikationsnummer über die Schnittstelle von EC2 zu erfahren. Mit der Identifikationsnummer können aber keine weiterführenden Informationen wie die Email-Adresse oder der vollständige Name abgefragt werden.

Es ist auch nicht möglich, über die Schnittstelle der AWS Listen serverseitig zu filtern. Dieser Nachteil zeigt sich besonders beim Anfordern der Liste der Images in einer Region. Diese Liste hat z.B. bei EC2 in der amerikanischen Region US East über 8000 Einträge. Der Download und das Verarbeiten dieser Einträge im XML-Format ist aufwendig und zeitintensiv und könnte durch serverseitige Filterung vereinfacht werden. Die Implementierung serverseitiger Filterung in Lösungen zum Betrieb eigener Dienste ist möglich, hätte aber keinen Einfluss auf die Fähigkeiten etablierter öffentlich zugänglicher Dienstangebote. Da private Clouds, was die Menge der physischen Ressourcen und die Liste der Images angeht, in der Regel keine mit Amazon EC2 vergleichbaren Dimensionen haben, ist die fehlende serverseitige Filterung bei privaten Clouds kein akutes Problem.

9.2 Automatisierte Ressourcenauswahl und Marktplatzsysteme

Die automatisierte Ressourcenauswahl in frühen verteilten Systemen arbeitete häufig nach dem so genannten Windhundprinzip (englisch: First-come, first-served). In einem solchen System existieren keine Kriterien, um den Kunden die Ressourcen entsprechend ihrer Anforderungen, wie z.B. notwendige Ressourcenmengen oder spätester Endzeitpunkt, zuzuweisen. In Situationen, in denen alle Aufträge eine ähnliche Beschaffenheit oder ähnliche Anforderungen haben und keine kommerziellen Interessen des Ressourcenbetreibers bestehen, kann das Windhundprinzip angewendet werden [49]. Im wissenschaftlichen Bereich mit seinen primär aus öffentlichen Mitteln finanzierten IT-Ressourcen ist es üblich, die Ressourcen für bestimmte Benutzergruppen komplett frei verfügbar zu machen. Alternativ werden die Ressourcen vom jeweiligen Betreiber mit virtuellen Preisen versehen, um den Zugriff zu beschränken und die Ressourcenauswahl zu automatisieren. Beispiele für ein solches Vorgehen sind das Stanford Linear Accelerator Center (SLAC), das bereits 1970 die virtuelle Währung Computation Unit [49] für den Ressourcenzugriff einführte oder die Norddeutsche Parallelrechner-Leistungseinheit (NPL) des Norddeutschen Verbunds für Hoch- und Höchstleistungsrechnen (HLRN) [61].

Tabelle 9.1: Auswahl an Marktplatzsystemen für verteile Systeme [19] [48]

Markplatz	Verteiltes System (Technologie)	Ressourcenvermittler (Broker)	Bank
Stanford Peers	Peer-to-Peer	nein	nein
POPCORN	Verteiltes Rechnen	ja	ja
SPAWN	Verteiltes Rechnen	ja	nein
Bellagio	Grid Computing	ja	ja
CATNETS	Grid Computing	nein	nein
Nimrod/G	Grid Computing	ja	ja
Tycoon	Grid Computing	ja	ja

In den vergangen Jahren gab es verschiedene freie Projekte mit dem Ziel, Marktplätze für verteilte Systeme zu entwickeln und zu etablieren. Eine Auswahl der existierenden Markplatzsysteme enthält Tabelle 9.1.

Bei den Stanford Peers [16] tauschen die Kunden ihre Ressourcen gemäß dem Prinzip des Peer-to-Peer direkt, ohne zentrale Kontrollinstanz.

POPCORN [50] ermöglicht die Auktions-basierte Ressourcenallokation für verteiltes Rechnen (Distributed Computing). Die Rechenleistung wird von den Anbietern über ihren Browser mit Java zur Verfügung gestellt. Somit laufen die Rechenaufträge der Kunden in den jeweiligen Browsern der Anbieter. Typisch für solche Systeme ist das rasche und häufige Kommen und Gehen der Ressourcenanbieter, bei denen es sich in der Regel um Privatpersonen handelt. Eine vergleichbare Dynamik ist für einen Cloud-Marktplatz mit wenigen institutionellen Anbietern nicht zu erwarten.

Der POPCORN zugrundeliegende Markt agiert als Ressourcenvermittler (Broker) und enthält die Bank. Die Abrechnung erfolgt über sogenannte Popcoins.

SPAWN [66] ist ein Auktions-basiertes Tauschsystem für Rechenleistung in einem lokalen Netzwerk aus Workstations.

Bellagio ist ein Auktionssystem zur marktbasierten, automatischen Ressourcenauswahl, das 2004/2005 in PlanetLab [154], einem weltweiten Overlaynetzwerk für Forschungszwecke eingesetzt wurde [5] [6]. Als Ressourcenvermittler nutzt Bellagio die Software SWORD [54] und eine eigene Bietersprache. Ist ein Gebot erfolgreich, wird der Betrag vom Konto des Kunden auf das Konto des Anbieters überwiesen und der Kunde erhält ein Ticket und Zugriff auf die Ressource. Der korrekte Ablauf des Transfers und Zugriffs wird durch die Software SHARP [30] gesteuert.

Bei CATNETS [27] werden Ressourcenanfragen im Netzwerk ohne zentralen Ressourcenvermittler via Peer-to-Peer verbreitet. Die Anbieter kontaktieren den Kunden und verhandeln mit diesem direkt über eine eigene Bietersprache [65] den Preis für die Ressourcennutzung. CATNETS enthält kein eigenes Bezahlsystem oder eine Bank. In dem Projekt wird angenommen, dass bereits ein etabliertes Bezahlsystem und eventell eine Bank existieren.

Nimrod/G [18] ist ein Marktplatz für Grid-Ressourcen mit – je nach Konfiguration – einem Ressourcen-Vermittler (Grid Resource Broker) und einer zentralen Bank (Grid Bank [9] oder QBank [39]). Die Kunden können neben dem gewünschten Preis eine Deadline für ihre Rechenjobs angeben.

Die automatisierte Ressourcenauswahl in Grid-Infrastrukturen war auch Bestandteil verschiedener nationaler und internationaler Grid-Projekte wie dem National Grid Service [177] und TeraGrid [192]. Allerdings bezieht sich die automatisierte Ressourcenauswahl bei diesen Projekten ausschließlich auf die Verteilung der Aufträge auf den Ressourcen und nicht die Auswahl unterschiedlicher Anbieter und deren Infrastruktur- oder Speicherdienste [34].

Die Ressourcenallokation in Cloud-Infrastrukturen geschieht innerhalb des Anbieter-Rechenzentrums automatisch je nach Auslastung der physischen Ressourcen und abhängig vom konkreten Dienst und seiner Dienstgüte, aber die Auswahl eines bestimmten Dienstangebots ist immer die Entscheidung des Kunden und muss von diesem initiiert werden. Im Rahmen eines Cloud-Marktplatzes sollte es aber auch möglich sein, einen Dienst automatisch nach Kriterien des Kunden auszusuchen.

Der Benutzer sollte die Möglichkeit haben, Anfragen wie diese an einen Marktplatz zu stellen: „Welche Anbieter bietet am günstigsten eine 64-Bit Instanz mit mindestens 2 virtuellen Prozessor-Kernen und 2 GB Hauptspeicher?" oder „welcher Speicherdienst ermöglicht am günstigsten die Speicherung von 10 GB Daten über einen Zeitraum von 3 Monaten mit einer garantierten Verfügbarkeit von nicht weniger als 99,9%?"

Ein Vorbild für ein solches System zur automatischen Ressourcenallokation im Rahmen eines Marktplatzes kann Tycoon [71] von Hewlett-Packard (HP) sein. Tycoon funktioniert nach dem Auktionsprinzip. Auf jedem Server, der Ressourcen in einem Tycoon-Marktplatz anbietet, läuft ein Auktionator-Prozess, der die lokalen freien Ressourcen erfasst [44] (siehe Abbildung 9.1). Denkbar ist auch, die Ressourcen eines Standorts mit einem Monitoring-System wie Ganglia [187] zu erfassen, und einen zentralen Auktionator-Prozess pro Standort zu betreiben.

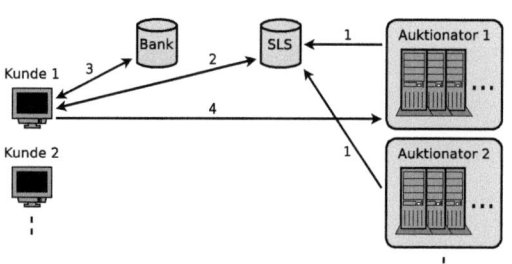

Abbildung 9.1: Komponenten von Tycoon [44]

Der Kunde kann zu jeder Zeit bei jedem Auktionator-Prozess nach freien Ressourcen anfragen. Zusätzlich existiert noch der Service Location Service (SLS) und die Bank [43]. Auktionator-Prozesse nutzen den SLS, der die Rolle des Ressourcenvermittlers hat, um ihre Ressourcen anzubieten, und die Kunden nutzen den SLS, um freie Ressourcen zu finden. Die zentrale Bank verwaltet die Konten für die Kunden und die Ressourcenanbieter. Will ein Kunde Ressourcen eines Anbieters nutzen, überweist er über die Bank den Rechnungsbetrag von seinem Konto auf das Konto des Anbieters. Anschließend erhält der Kunde eine Quittung, mit der er auf die Ressourcen des Anbieters zugreifen kann.

Tycoon ist ausschließlich ein Marktplatz für Rechenleistung in Form virtueller Linux Instanzen auf Basis von Linux VServer [135]. Das System wurde 2004 im Rahmen eines Prototyps mit zwei Standorten von HP getestet. Eine Anpassung an Cloud Computing und die Unterstützung von Speicherdiensten fand nicht statt. Das Ziel von Tycoon war es, Ressourcenbetreiber zu ermutigen, ihre Ressourcen im Grid anzubieten. Ein System wie Tycoon ist für einen Cloud-Marktplatz und die automatisierte Ressourcenauswahl nur im Rahmen von privaten Infrastrukturen denkbar, weil die Anbieter öffentlich zugänglicher Dienste kein Interesse daran haben, sich an einem zentralen Marktplatz zu beteiligen. Aus Sicht der Dienstanbieter ist es kontraproduktiv, wenn die Kunden die Möglichkeit haben, einfach die Preise der Anbieter zu vergleichen und somit zum günstigsten Anbieter geleitet werden. Die Anbieter haben das Interesse, den Kunden Dienste zu einem aus Anbietersicht attraktiven Preis anzubieten.

9.2.1 Etablierung zentraler Cloud-Komponenten

Das Projekt Tycoon definiert wie andere Markplatzsysteme (siehe Tabelle 9.1) eine zentrale Bank, die Konten für die Kunden und Ressourcenanbieter verwaltet. Beim Cloud Computing existiert aber keine vergleichbare, anbieterübergreifende Bank. Die Kunden gehen direkt mit den Anbietern ein Vertragsverhältnis ein, indem Sie bei jedem Anbieter ein Zugangskonto anlegen und anschließend Zugangsdaten wie Passwörter oder Zugangsschlüssel erhalten. Die monatliche Abrechnung erfolgt in der Regel über eine Kreditkarte des Kunden. In seltenen Fällen wie der Google App Engine ist die Ressourcennutzung in einem bestimmten Umfang frei.

Eine zentrale Bank würde den Kunden die Nutzung mehrerer Dienste von verschiedenen Anbietern erleichtern. Das ist aber nicht im Sinne der Anbieter, da diese kein Interesse daran haben, den Kunden den Wechsel zu anderen Dienstanbietern zu erleichtern. Für private Clouds ist eine zentrale Bank auch wegen der laufenden Kosten für den Betrieb unrealistisch. Diese Kosten können von privat betriebenen Diensten und deren Kunden nicht in allen Fällen gedeckt werden. Auch die rechtlichen Rahmenbedingungen für den Betrieb einer Cloud-Bank sind unklar und müssten vorab geklärt werden.

Eine Möglichkeit, eine Bank vergleichbar zu der in Tycoon für das Cloud Computing zu realisieren, ohne selbst eine Bank zu entwickeln und zu betreiben, ist die Nutzung eines externen Finanzdienstleisters wie PayPal über einen Cloud-Marktplatz und die Integration einer geeigneten Schnittstelle in die etablierten Lösungen zum Betrieb eigener Infrastruktur- und Speicherdienste. Eine solche Integration existiert bislang nicht.

Auch die Etablierung eines zentralen und anbieterunabhängigen Ressourcenvermittlers, bei dem sich die Dienstanbieter anmelden, ist für die Anbieter öffentlich zugänglicher Dienste unwahrscheinlich. Es ist somit nötig, dass die Benutzer eines Cloud-Marktplatzes die gewünschten öffentlichen und privaten Dienste und ihre Zugangsdaten zu diesen selbständig eintragen und direkt mit den Anbietern bzw. Betreibern in Kontakt treten, um die notwendigen Zugangsdaten zu erhalten.

9.3 Design eines Marktplatzportals

Zu den Komponenten, die ein Cloud-Marktplatz enthalten und verwalten muss, gehört das Portal des Marktplatzes. Dieses dient als Zugangspunkt für die Kunden und informiert diese über den Zustand der Dienste, verfügbare Ressourcen und unterstützt die Kunden bei der Interaktion mit den Diensten. Im Marktplatzportal müssen die Kunden ihre Zugangsdaten zu Infrastruktur- und Speicherdiensten importieren können.

Das Portal selbst sollte als Dienst über das Internet verfügbar sein (z.B. in einem Plattformdienst), damit die Kunden nicht gezwungen sind, eine lokale Lösung zu installieren und zu pflegen (siehe Abbildung 9.2). Die Nutzung des Portals sollte zu geringen Kosten oder kostenfrei möglich sein. Gleichzeitig ist es bei eventuell existierenden Sicherheits- oder Datenschutzbedenken nötig, das Portal auch lokal betreiben zu können, um die Zugangsdaten zu den angesprochenen Diensten verschiedener Anbieter nicht außer Haus speichern zu müssen. Ein Plattformdienst, der diese Anforderungen erfüllt, ist die Google App Engine, da ihre Nutzung im Rahmen bestimmter Mengenbeschränkungen für den Betreiber des Portals kostenfrei ist und kompatible freie Reimplementierungen existieren, was das Entstehen eines Abhängigkeitsverhältnisses vom Anbieter Google ausschließt.

Um Cloud-Dienste in einem einheitlichen Kontext zu nutzen, ist für die Realisierung eines Cloud-Marktplatzes eine einheitliche Schnittstelle für die Dienste hilfreich. Die Schnittstelle der Amazon Web Services (AWS) wird als einzige nicht nur von einem

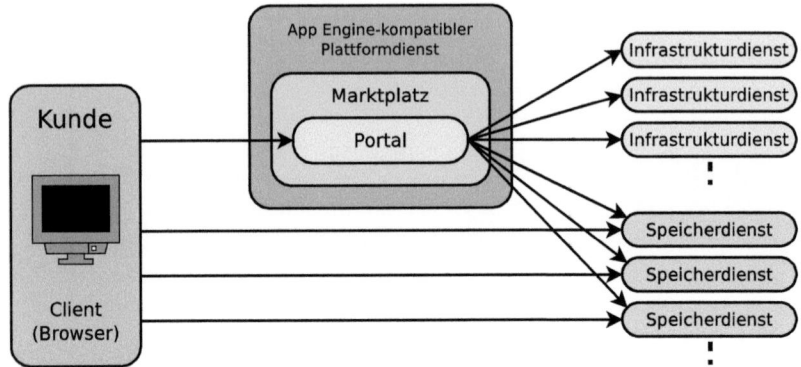

Abbildung 9.2: Ein Cloud-Marktplatz integriert verschiedene Dienste

einzigen öffentlichen Dienstanbieter verwendet, sondern auch vom Speicherdienst Google Storage, der in Konkurrenz zu Amazon steht und von verschiedenen freien Lösungen zum Aufbau eigener Dienste.

Ein weiterer Vorteil speziell von EC2 ist, dass das Erzeugen virtueller Serverinstanzen nur vergleichsweise wenig Zeit (ca. 2 Minuten) benötigt. Vergleichbare Anbieter von Infrastrukturdiensten, wie z.B. FlexiScale, benötigen bis zu 10 Minuten zum Start einer neuen Instanz und sind damit weniger geeignet, um rasch zusätzliche Instanzen zur dynamischen Erweiterung des eigenen Ressourcenpools zu starten [34].

9.3.1 Verfügbarkeit des Marktplatzportals

Die App Engine basiert auf der redundant ausgelegten Infrastruktur von Google. Dennoch garantiert Google für die kostenfreie Version der App Engine keine bestimmte Verfügbarkeit. Das Angebot App Engine for Business [83] berechnet Google mit $8 pro Monat und Kunde und garantiert dafür eine Verfügbarkeit von 99,9% [84]. Fällt die Verfügbarkeit innerhalb eines Monats unter den garantieren Wert, werden Teile der Rechnung zurückerstattet. Die Höhe des Betrags orientiert sich an der tatsächlich erreichten Verfügbarkeit.

Die Verfügbarkeit eines privat betriebenen Plattformdienstes kann nicht pauschal vorhergesagt werden und ist u.a. von der Qualität der zugrundeliegenden Hard- und Software sowie vom Grad der Redundanz im Systemaufbau abhängig.

Um die Verfügbarkeit des Marktplatzportals zu steigern, bietet sich die Realisierung eines hybriden Plattformdienstes an. Bislang existiert keine Möglichkeit die App Engine sowie AppScale oder typhoonAE in einer Art und Weise zu koppeln, dass ein hybrider Plattformdienst realisiert wäre. Eine Webanwendung, die in der App Engine läuft, kann zusätzlich in einer privaten Cloud auf Basis von AppScale oder typhoonAE betrieben und mit einem – eventuell elastischen – Lastverteiler als hochverfügbare Lösung verwendet werden. In diesem Fall greifen die beiden Webanwendungen aber nicht auf gemeinsame Daten zu, da der Memcache und Datastore der App Engine von denen der privaten Cloud getrennt sind und somit keine Konsistenz der Daten möglich ist. Eine mögliche Lösung zur gemeinsamen Datenhaltung ist die Speicherung der Anwendungsdaten in einem zu S3 kompatiblen Speicherdienst wie Amazon S3 oder Google Storage oder in einem Speicherdienst mit kompatibler Schnittstelle wie Walrus oder Cumulus. Eine Einschränkung beim Aufbau einer solchen hybriden Plattform ist, dass die komplette Authentifizierung in der Webanwendung implementiert sein muss. Die Authentifizierung der Kunden mit Googles Zugangsdaten ist mit den Werkzeugen der privater Plattformdienste nicht möglich, da diese eigene Benutzerdatenbanken verwalten. OpenID [148] bietet sich hierfür als Lösung an, denn darüber ist die Authentifizierung der Kunden mit Googles Zugangsdaten auch unabhängig von der App Engine möglich.

9.4 Evaluierung des Marktplatz-Konzepts

Für die am weitesten verbreitete Schnittstelle im Cloud Computing, die Schnittstelle der AWS, existiert eine Vielzahl kompatibler Dienste, Bibliotheken und Werkzeuge. Diese Vielfalt macht die Schnittstelle im Prinzip zu einer idealen Schnittstelle für einen Cloud-Marktplatz. Nachteilig ist aber, dass die Schnittstelle, wie alle anderen Schnittstellen etablierter Cloud-Dienste, keine Abfrage der freien Ressourcen, Dienstgüte und Preise bietet. Es existieren auch nur wenige Lösungen zur Messung des Ressourcenverbrauchs und zur Abrechnung der Dienste, und die Schnittstelle bietet nur geringen Zugriff auf Benutzerinformationen betreffend der angebotenen Dienste und Ressourcen.

Bislang existiert kein offener Marktplatz für das Cloud Computing, und die existierenden Marktplatzsysteme für das Grid Computing, oder allgemein für das verteilte Rechnen, wurden nie für einen Einsatz in Clouds angepasst. Eine solche Adaption wäre auch wegen der fehlenden zentralen Dienste wie Ressourcenvermittler und einer Bank sowie der fehlenden Kooperationsbereitschaft der Dienstanbieter schwierig. Möglich ist aber die Evaluation und Schaffung der technologischen Grundlagen eines Cloud-Marktplatzes. Dabei handelt es sich insbesondere um die Realisierung kompatibler Dienste und deren Integration in ein leistungsfähiges Portal zur Verwaltung und Bereitstellung von Rechenleistung, Speicherkapazität und virtuellen Netzwerken.

Kapitel 10

Zusammenfassung und Ausblick

Cloud Computing ist ein neuartiges Konzept der Informationstechnik, bei dem IT-Ressourcen virtualisiert und via Web-Services den Kunden verfügbar gemacht werden. Die Spanne der angebotenen Dienste reicht von einfachen Anwendungen bis zu kompletten Rechenzentren. Besonders interessant sind die Infrastruktur- und Speicherdienste der Amazon Web Services (AWS), der Plattformdienst Google App Engine und die zu diesen Diensten kompatiblen Angebote. Der Grund sind die Vielfalt der Dienste und Funktionalitäten innerhalb der AWS und der App Engine, deren Popularität und die Tatsache, dass es die einzigen öffentlich zugänglichen Cloud-Dienste sind, deren Schnittstellen auch von privaten Lösungen angeboten werden.

Das Ziel der vorliegenden Arbeit ist die Erforschung und Entwicklung der technologischen Grundlagen eines Cloud-Marktplatzes. Um dieses Ziel zu erreichen, werden unterschiedliche Konzepte entwickelt und untersucht, um Ressourcen, insbesondere Rechenleistung, persistenten Speicher, (virtuelle) Netzwerke und Netzwerkadressen, zu verwalten und dynamisch bereitzustellen.

Verschiedene Möglichkeiten, Rechenleistung als Dienst anzubieten und verfügbare Infrastrukturdienste werden untersucht. Schwerpunktmäßig werden typische Verwaltungsprozesse definiert und ihre Durchführbarkeit mit den existierenden freien Lösungen evaluiert. Ebenso wird die Rechenleistung einer auf Eucalyptus basierenden privaten Cloud mit der öffentlichen Elastic Compute Cloud (EC2) verglichen. Der Grund für die besondere Betrachtung von Eucalyptus liegt in dessen Architektur, die eine umfangreiche Unterstützung für die Schnittstellen der AWS bietet. Ein Ergebnis ist, dass zwar die grundlegende Funktionalität von EC2 selbst erbracht werden kann, die existierenden Lösungen aber nicht alle für einen Marktplatz nötigen Prozesse unterstützen.

Verschiedene Konzepte der Datenhaltungsdienste werden auf ihre Einsatzmöglichkeiten und Leistungsfähigkeit untersucht. Die Datenhaltung und der Datenzugriff kann mit verteilten Dateisystemen optimiert werden. Da der Aufbau virtueller Systeme mit verteilter Datenhaltung in Cloud-Infrastrukturen aus zahlreichen Komponenten besteht, wird ein Werkzeug entwickelt, das automatisch Rechnerbündel mit gemeinsamem Speicher auf Basis verteilter Dateisysteme in Infrastrukturdiensten erstellt.

Datenschutz in Clouds kann durch den Einsatz privater Dienste sichergestellt werden. Datensicherheit hingegen wird ausschließlich durch Redundanz erreicht. Zur Steigerung der Verfügbarkeit wird das Konzept einer hochverfügbaren und dienstübergreifenden Speicherlösung entwickelt und realisiert. Dieses bildet über verschiedene Speicherdienste hinweg einen Verbund vergleichbar mit einem RAID-1 und bietet so redundante Datenhaltung. Dieser neue Dienst verbessert die Verfügbarkeit privater Datenspeicher und verringert die Abhängigkeit von öffentlichen Dienstanbietern.

Um verschiedene Infrastruktur- und Speicherdienste nahtlos zu nutzen, sind geeignete Werkzeuge nötig. Die existierenden Ansätze zur Interaktion mit Cloud-Diensten werden analysiert und basierend auf den Erkenntnissen wird ein Werkzeug konzipiert und entwickelt, das die Vorteile der betrachteten Werkzeuge in sich vereint. Das Werkzeug ist selbst als Webanwendung realisiert und unterstützt die Arbeit mit den Schnittstellen der AWS. Weitere Vorteile sind, dass das Werkzeug auf der Basis von öffentlichen und privaten Plattformdiensten betrieben werden kann und eine intuitive grafische Oberfläche mit optimierter Ausgabe für mobile Geräte enthält.

Die beschriebenen Vorarbeiten bilden die Grundlage zur Schaffung eines Cloud Computing-Marktplatzes. Herausforderungen sind, dass die Schnittstellen etablierter Dienste die Abfrage freier Ressourcen, Dienstgüten und Preise nicht unterstützen. Zudem existieren für die freien Dienste nur wenige Lösungen zur Messung des Ressourcenverbrauchs und für die anschließende Abrechnung.

Die Flexibilität der diskutierten Konzepte, untersuchten Dienste und die Freiheiten, die die Kunden durch deren Einsatz erhalten, wird auch in etablierten Rechenzentren zu einem Umdenken führen müssen, schließlich können sie auch dabei helfen, IT-Landschaften wirtschaftlicher zu organisieren. Einheitliche Standards und leistungsfähige Schnittstellen sind hierfür die Voraussetzung. Die Kunden können sich mit elastischen und flexiblen Diensten vom Diktat lokaler Rechenzentren emanzipieren (siehe Abbildung 10.1). So haben preiswerte oder gar kostenfreie Dienste wie Dropbox in zahlreichen Unternehmen bereits die internen Datenserver verdrängt.

Abbildung 10.1: Viele Kunden wollen heute flexible Dienste – zu Recht!

Die Verfügbarkeit eines offenen Marktplatzes für öffentlich zugängliche Cloud-Dienste, der auch die Möglichkeit bietet, private Dienste zu integrieren und eventuell anderen Kunden anzubieten, könnte die Akzeptanz und eventuell auch die Verbreitung des Cloud Computing fördern. Die in dieser Dissertation erarbeiteten Erkenntnisse und Lösungen bieten sich als Grundlagen für die Entwicklung eines Cloud-Marktplatzes an.

Anhang A

Literaturverzeichnis

[1] ABE, Y. ; GIBSON, G.: *pWalrus: Towards Better Integration of Parallel File Systems into Cloud Storage*. Carnegie Mellon University, Pittsburgh, PA, USA http://www.pdl.cmu.edu/PDL-FTP/Storage/pWalrus.pdf

[2] ARMBRUST, M. ; FOX, A. ; GRIFFITH, R. ; JOSEPH, A. D. ; KATZ, R. H. ; KONWINSKI, A. ; LEE, G. ; PATTERSON, D. A. ; RABKIN, A. ; STOICA, I. ; ZAHARIA, M.: *Above the Clouds: A Berkeley View of Cloud Computing* (UCB/EECS-2009-28). http://www.eecs.berkeley.edu/Pubs/TechRpts/2009/EECS-2009-28.html

[3] ARRINGTON, M.: *Amazon: Grid Storage Web Service Launches*. TechCrunch http://techcrunch.com/2006/03/14/amazon-grid-storage-web-service-launches/

[4] ARRINGTON, M.: *Google Jumps Head First Into Web Services With Google App Engine*. TechCrunch http://techcrunch.com/2008/04/07/google-jumps-head-first-into-web-services-with-google-app-engine/

[5] AUYOUNG, A. ; BUONADONNA, P. ; CHUN, B. N. ; NG, C. ; PARKES, D. C. ; SHNEIDMAN, J. ; SNOEREN, A. C. ; VAHDAT, A.: *Two Auction-Based Resource Allocation Environments: Design and Experience*. 2008

[6] AUYOUNG, A. ; CHUN, B. N. ; SNOEREN, A. C. ; VAHDAT, A.: *Resource Allocation in Federated Distributed Computing Infrastructures*. 2004. – http://www.theether.org/papers/oasis04.pdf

[7] A.WEIL, S.: *Ceph: Reliable, Scalable, and High-Performance Distributed Storage*, University of California, Santa Cruz, Diss., 2007

[8] BARHAM, P. ; DRAGOVIC, B. ; FRASER, K. ; HAND, S. ; HARRIS, T. ; HO, A. ; NEUGEBAUER, R. ; PRATT, I. ; WARFIELD, A.: Xen and the art of virtualization. In: *SOSP '03: Proceedings of the nineteenth ACM symposium on Operating systems principles*. New York, NY, USA : ACM, 2003. – ISBN 1–58113–757–5, S. 164–177

[9] BARMOUTA, A. ; BUYYA, R.: GridBank: A Grid Accounting Services Architecture (GASA) for Distributed Systems Sharing and Integration. In: *International Parallel and Distributed Processing Symposium* (2003), S. 245a. – ISSN 1530–2075

[10] BAUN, C. ; KUNZE, M.: Building a Private Cloud with Eucalyptus. In: *Proceedings of the 5th IEEE International Conference on e-Science Workshops*, IEEE, 2009 (Lecture Notes in Computer Science). – ISBN 978–1–4244–5945–2

[11] BAUN, C. ; KUNZE, M.: Elastic Cloud Computing Infrastructures in the Open Cirrus Testbed Implemented via Eucalyptus. In: *Proceedings of International Symposium on Grid Computing 2009: Managed Grids and Cloud Systems in the Asia-Pacific Research Community*, Springer, 2009. – ISBN 978–1–4419–6468–7

[12] BAUN, C. ; KUNZE, M.: Performance Measurement of a Private Cloud in the OpenCirrus Testbed. In: *Euro-Par 2009 – Parallel Processing Workshops* Bd. 6043. Springer, 2010. – ISBN 978–3–642–14121–8, S. 434–443

[13] BAUN, C. ; KUNZE, M.: Servervirtualisierung. In: *Praxis der Informationsverarbeitung und Kommunikation* 33 (2010), Nr. 1, S. 26–35

[14] BAUN, C. ; KUNZE, M. ; LUDWIG, T.: Servervirtualisierung. In: *Informatik-Spektrum* 32 (2009), Nr. 3, S. 197–205

[15] BAUN, C. ; KUNZE, M. ; NIMIS, J. ; TAI, S.: *Cloud Computing: Web-basierte dynamische IT-Services*. Springer, 2009. – ISBN 978–3–642–01593–9

[16] BAWA, M. ; COOPER, B. F. ; CRESPO, A. ; DASWANI, N. ; GANESAN, P. ; GARCIA-MOLINA, H. ; KAMVAR, S. ; MARTI, S. ; SCHLOSSER, M. ; SUN, Q. ; VINOGRAD, P. ; YANG, B.: *Peer-to-Peer Research at Stanford*. Stanford InfoLab, 2003 (2003-38)

[17] BÉGIN, M.-E.: *An EGEE Comparative Study: Grids and Clouds – Evolution or Revolution*. CERN https://edms.cern.ch/file/925013/4/EGEE-Grid-Cloud-v1_2.pdf

[18] BUYYA, R. ; ABRAMSON, D. ; GIDDY, J.: Nimrod/G: An architecture for a resource management and scheduling system in a global computational Grid. In: *Proceedings of the 4th international conference on High Performance Computing in Asia-Pacific Region*, IEEE Computer Society Press, 2000, S. 283–289

[19] BUYYA, R. ; ABRAMSON, D. ; VENUGOPAL, S.: The Grid Economy. In: *Proceedings of the IEEE* Bd. 93, 2005. – ISBN 0018–9219

[20] BUYYA, R. ; YEO, C. S. ; VENUGOPAL, S.: Market-Oriented Cloud Computing: Vision, Hype, and Reality for Delivering IT Services as Computing Utilities. In: *HPCC'08: Proceedings of the 2008 10th IEEE International Conference on High Performance Computing and Communications*. Washington, DC, USA : IEEE Computer Society, 2008. – ISBN 978–0–7695–3352–0, S. 5–13

[21] CARNS, P. H. ; LIGON, W. B. ; III ; ROSS, R. B. ; THAKUR, R.: PVFS: A Parallel File System for Linux Clusters. In: *In Proceedings of the 4th Annual Linux Showcase and Conference*, USENIX Association, 2000, S. 317–327

[22] CARR, N.: *The Big Switch: Der große Wandel. Die Vernetzung der Welt von Edison bis Google*. Mitp-Verlag, 2008. – ISBN 3–8266–5508–7

[23] CHANG, F. ; DEAN, J. ; GHEMAWAT, S. ; HSIEH, W. C. ; WALLACH, D. A. ; BURROWS, M. ; CHANDRA, T. ; FIKES, A. ; GRUBER, R. E.: Bigtable: A Distributed Storage System for Structured Data. In: *ACM Trans. Comput. Syst.* 26 (2008), June, S. 4:1–4:26. – ISSN 0734–2071

[24] CHOHAN, N. ; BUCH, C. ; PANG, S. ; KRINTZ, C. ; MOSTAFA, N. ; SOMAN, S. ; WOLSKI, R.: *AppScale Design and Implementation* http://www.cs.ucsb.edu/~ckrintz/papers/appscale2009-02TR.pdf

[25] CREASY, R.: The origin of the VM/370 time-sharing system. In: *IBM Journal of Research & Development* 25 (1981), Nr. 5, S. 483–490

[26] DREAMMTECH (Hrsg.): *Peer-to-Peer-Applikationen entwickeln*. Bonn : mitp, 2002

[27] EYMANN, T. ; STREITBERGER, W. ; HUDERT, S.: CATNETS – Open-Market Approaches for Self-Organizing Grid Resource Allocation. In: *Proceedings of the 4th International Workshop on Grid Economics and Business Models* Bd. 4685, Lecture Notes in Computer Science (LNCS), 2007, S. 176–181

[28] FIELDING, R. T.: *Architectural Styles and the Design of Network-based Software Architectures*, University of California, Irvine, Diss., 2000. http://www.ics.uci.edu/~fielding/pubs/dissertation/top.htm

[29] FITZGERALD, M.: *Cloud Computing: So You Don't Have to Stand Still.* May 2008. – http://www.nytimes.com/2008/05/25/technology/25proto.html

[30] FU, Y. ; CHASE, J. ; CHUN, B. ; SCHWAB, S. ; VAHDAT, A.: SHARP: An Architecture For Secure Resource Peering. In: *Proceedings of the nineteenth ACM symposium on Operating systems principles*. New York, NY, USA : ACM, 2003 (SOSP '03). – ISBN 1–58113–757–5, S. 133–148

[31] GHEMAWAT, S. ; GOBIOFF, H. ; LEUNG, S.-T.: The Google file system. In: *SIGOPS Operating Systems Review* 37 (2003), Nr. 5, S. 29–43

[32] GOTTFRID, D.: *Self-Service, Prorated Supercomputing Fun!* November 2007. – http://open.blogs.nytimes.com/2007/11/01/

[33] GOTTFRID, D.: *The New York Times Archives + Amazon Web Services = TimesMachine.* May 2008. – http://open.blogs.nytimes.com/2008/05/21/

[34] HARMER, T. ; WRIGHT, P. ; CUNNINGHAM, C. ; HAWKINS, J. ; PERROTT, R.: An application-centric model for cloud management. In: *Proceedings of the 2010 6th World Congress on Services*. Washington, DC, USA : IEEE Computer Society, 2010 (SERVICES '10). – ISBN 978–0–7695–4129–7, S. 439–446

[35] HILL, Z. ; HUMPHREY, M.: A Quantitative Analysis of High Performance Computing with Amazon's EC2 Infrastructure: The Death of the Local Cluster? In: *10th IEEE/ACM International Conference on Grid Computing*, ACM, 2009

[36] HOECKER, M.: *Hadoop as a Service (HaaaS) auf Basis von Eucalyptus und Cloudera*. Hochschule Mannheim, 2010

[37] HOSTEDFTP.COM: *Amazon S3 and EC2 Performance Report* http://hostedftp.wordpress.com/2009/03/02/

[38] IEEE: *Standard 802.1Q –Virtual Bridged Local Area Networks* http://standards.ieee.org/getieee802/download/802.1Q-2005.pdf

[39] JACKSON, S.: *QBank: A Resource Management Package for Parallel Computers*. Pacific Northwest National Laboratory, Washington, USA, 2000

[40] KIVITY, A. ; KAMAY, Y. ; LAOR, D. ; LUBLIN, U. ; LIGUORI, A.: kvm: the Linux Virtual Machine Monitor. In: *Proceedings of the Linux Symposium*. Ottawa, Ontario, Canada, 2007, S. 225–230

[41] KNESE, K.: *Evaluation und Implementierung einer Accounting-Lösung für die Private Cloud mit Eucalyptus*. Duale Hochschule Baden-Württemberg Karlsruhe, 2010

[42] KOHLER, E.: *Amazon Launches EC2 Transaction Based Web Hosting Platform*. Technology Evangelist http://www.technologyevangelist.com/2006/08/amazon_launches_ec2.html

[43] LAI, K. ; HUBERMAN, B. A. ; FINE, L.: *Tycoon: A Distributed Market-based Resource Allocation System*. Palo Alto, CA, USA, 2004

[44] LAI, K. ; RASMUSSON, L. ; ADAR, E. ; SORKIN, S. ; ZHANG, L. ; HUBERMAN, B. A.: *Tycoon: an Implementation of a Distributed Market-Based Resource Allocation System*. Palo Alto, CA, USA, 2004

[45] LLORENTE, I.: *CERN Cloud Scaling to 16,000 VMs!* OpenNebula http://blog.opennebula.org/?p=983

[46] METZ, C.: *NASA drops Ubuntu's Koala food for (real) open source*. The Register http://www.theregister.co.uk/2010/07/20/why_nasa_is_dropping_eucalyptus_from_its_nebula_cloud/

[47] MORDVINOVA, O. ; KUNKEL, J. ; BAUN, C. ; LUDWIG, T. ; KUNZE, M.: USB Flash Drives as an Energy Efficiency Storage Alternative. In: *Proceedings of the 10th IEEE/ACM International Conference on Grid Computing*, 2009. – ISBN 978-1-4419-6468-7

[48] NEUMANN, D.: *Economic Models and Algorithms for Grid Systems, Kumulative Habilitationsschrift*. Universität Karlsruhe (TH), 2007

[49] NIELSEN, N.: The allocation of computer resources – is pricing the answer? In: *Communications of the ACM* 13 (1970), August, S. 467–474. – ISSN 0001–0782

[50] NISAN, N. ; LONDON, S. ; REGEV, O. ; CAMIEL, N.: Globally Distributed Computation over the Internet: The POPCORN Project. In: *International Conference on Distributed Computing Systems* (1998), May. – ISSN 1063–6927

[51] NURMI, D. ; WOLSKI, R. ; GRZEGORCZYK, C. ; OBERTELLI, G. ; SOMAN, S. ; YOUSEFF, L. ; ZAGORODNOV, D.: Eucalyptus: A Technical Report on an Elastic Utility Computing Architecture Linking Your Programs to Useful Systems. In: *UCSB Computer Science Technical Report Number 2008-10*, 2008

[52] NURMI, D. ; WOLSKI, R. ; GRZEGORCZYK, C. ; OBERTELLI, G. ; SOMAN, S. ; YOUSEFF, L. ; ZAGORODNOV, D.: The Eucalyptus Open-source Cloud-computing System. In: *CCA'08: Proceedings of Cloud Computing and Its Applications workshop*, 2008

[53] NURMI, D. ; WOLSKI, R. ; GRZEGORCZYK, C. ; OBERTELLI, G. ; SOMAN, S. ; YOUSEFF, L. ; ZAGORODNOV, D.: The Eucalyptus Open-Source Cloud-Computing System. In: *Cluster Computing and the Grid, IEEE International Symposium on* (2009), S. 124–131. ISBN 978–0–7695–3622–4

[54] OPPENHEIMER, D. ; ALBRECHT, J. ; PATTERSON, D. ; VAHDAT, A.: *Distributed Resource Discovery on PlanetLab with SWORD*. First Workshop on Real, Large Distributed Systems (WORLDS), 2004

[55] PETTEY, C.: *Gartner Identifies the Top 10 Strategic Technologies for 2008*. Gartner http://www.gartner.com/it/page.jsp?id=530109

[56] PETTEY, C.: *Gartner Identifies the Top 10 Strategic Technologies for 2009*. Gartner http://www.gartner.com/it/page.jsp?id=777212

[57] PETTEY, C.: *Gartner Identifies the Top 10 Strategic Technologies for 2010*. Gartner http://www.gartner.com/it/page.jsp?id=1210613

[58] PETTEY, C.: *Gartner Identifies the Top 10 Strategic Technologies for 2011*. Gartner http://www.gartner.com/it/page.jsp?id=1454221

[59] RATTU, D.: *On-Demand Virtual Machine Allocation for Clouds*. Hochschule Baden-Württemberg Karlsruhe, 2009

[60] ROSENBERG, D.: *Windows Azure finally ready for customers*. CNET News http://news.cnet.com/8301-13846_3-10445625-62.html

[61] RÜCKEMANN, C.-P. ; GÖHNER, M.: *Konzeption einer Grid-Accounting-Architektur*. D-Grid-Integrationsprojekt, 2006

[62] SCHWICKERATH, U.: *CERN Cloud Computing Infrastructure*. ISC Cloud http://www.isc-cloud.com/2010/Program/Schedule/CERN-Cloud-Computing-Infrastructure

[63] STARK, J.: *Building iPhone Apps with HTML, CSS, and JavaScript*. O'Reilly, 2010. – ISBN 978-0-596-80578-4

[64] TERDIMAN, D.: *Solution for Slashdot Effect?* Wired, October 2004. – http://www.wired.com/science/discoveries/news/2004/10/65165

[65] VEIT, D.: *Grid Business Models*. GridKA School, Karlsruhe, 2006

[66] WALDSPURGER, C. A. ; HOGG, T. ; HUBERMAN, B. A. ; KEPHART, J. O. ; STORNETTA, W. S.: Spawn: A Distributed Computational Economy. In: *IEEE Transactions on Software Engineering* 18 (1992), February, S. 103–117. – ISSN 0098-5589

[67] WEIL, S. A. ; BRANDT, S. A. ; MILLER, E. L. ; LONG, D. D. E. ; MALTZAHN, C.: Ceph: A scalable, high-performance distributed file system. In: *Proceedings of the 7th Symposium on Operating Systems Design and Implementation (OSDI)*, 2006, S. 307–320

Web-Quellen

[68] http://opennebula.org/documentation:rel2.0:accounting

[69] http://docs.amazonwebservices.com/AmazonVPC/latest/GettingStartedGuide/

[70] http://www.abicloud.org/display/abiCloud/Home

[71] http://www.hpl.hp.com/research/tycoon/

[72] http://aws.amazon.com/code/1671

[73] http://code.google.com/p/s3fs/

[74] http://search.cpan.org/~tima/Amazon-S3/lib/Amazon/S3.pm

[75] http://www.android.com

[76] http://animoto.com

[77] http://appscale.cs.ucsb.edu

[78] http://aws.amazon.com

[79] http://amazon.rubyforge.org

[80] http://aws.amazon.com/elasticloadbalancing/

[81] http://www.coker.com.au/bonnie++/

[82] http://code.google.com/p/boto/

[83] http://code.google.com/appengine/business/

[84] http://code.google.com/appengine/business/sla.html

[85] http://ceph.newdream.net

[86] http://www.cern.ch

[87] http://www.rackspacecloud.com

[88] http://www.zimory.com

[89] http://www.cloud.com

[90] http://getcloudfusion.com

[91] http://aws.amazon.com/console/

[92] http://www.parallels.com/en/products/virtuozzo/

[93] http://cyberduck.ch

[94] http://dasein-cloud.sourceforge.net

[95] http://aws.amazon.com/simpledb/

[96] http://www.gladinet.com

[97] http://code.google.com/p/diffuser/

[98] http://jungledisk.com

[99] http://www.djangoproject.com

[100] http://docs.google.com

[101] http://www.dropbox.com

[102] http://aws.amazon.com/ebs/

[103] http://aws.amazon.com/ec2/

[104] http://amazon-ec2.rubyforge.org

[105] http://code.google.com/p/ec2dream/

[106] http://s3.amazonaws.com/ec2-downloads/elasticfox.xpi

[107] http://elephantdrive.com

[108] http://code.google.com/appengine/

[109] http://wiki.debian.org/euca2ools

[110] http://open.eucalyptus.com

[111] http://www.facebook.com

[112] http://aws.amazon.com/s3/faqs/

[113] http://www.flexiscale.com

[114] http://framework.zend.com

[115] http://onlamp.com/pub/a/bsd/2003/09/04/jails.html

[116] http://wiki.apache.org/hadoop/MountableHDFS

[117] http://www.gartner.com

[118] http://rightaws.rubyforge.org

[119] http://sources.redhat.com/cluster/gfs/

[120] http://www.gluster.org

[121] http://www.gogrid.com

[122] http://ibm.com/systems/clusters/software/gpfs.html

[123] http://www.occi-wg.org

[124] http://twiki.grid.iu.edu/bin/view/Storage/HadoopUnderstanding

[125] http://hadoop.apache.org/hdfs/

[126] http://hsqldb.org/

[127] http://code.google.com/p/hybridfox/

[128] http://tools.ietf.org/html/rfc2460

[129] http://www.emc.com/products/detail/software/invista.htm

[130] http://www.iozone.org/

[131] http://jets3t.s3.amazonaws.com/downloads.html

[132] http://www.eclipse.org/jetty/

[133] http://code.google.com/p/koalacloud/

[134] http://incubator.apache.org/libcloud/

[135] http://linux-vserver.org

[136] http://www.officelive.com

[137] http://www.lustre.org

[138] https://mail.google.com

[139] https://sandbox.google.com/storage/

[140] http://koalacloud.appspot.com

[141] http://aws.amazon.com/elasticmapreduce/

[142] http://maven.apache.org

[143] http://www.mgateway.com/mdb.html

[144] http://www.netcdp.com

[145] http://www.nimbusproject.org

[146] http://oss.oracle.com/projects/ocfs2/

[147] http://www.openecp.org

[148] http://openid.net

[149] http://www.opennebula.org

[150] http://openvz.org

[151] http://www.parallels.com

[152] http://www.lag.net/paramiko/

[153] http://www.microsoft.com/windows/virtual-pc/

[154] http://www.planet-lab.org

[155] http://www.enomaly.com

[156] http://src.enomaly.com

[157] http://www.microsoft.com/windowsazure/

[158] http://aws.amazon.com/s3/pricing/

[159] http://www.pvfs.org

[160] http://www.pdl.cmu.edu/pWalrus/index.shtml

[161] http://www.rpath.org

[162] http://docs.amazonwebservices.com/AWSEC2/latest/APIReference/

[163] http://docs.amazonwebservices.com/AmazonS3/latest/API/

[164] http://www.reservoir-fp7.eu

[165] http://aws.amazon.com/s3/

[166] http://s3tools.org/s3cmd/

[167] http://open.eucalyptus.com/wiki/s3curl

[168] http://www.s3fox.net

[169] http://code.google.com/p/s3fs/

[170] http://www.salesforce.com

[171] http://www.1und1.info/xml/order/ServerPremium

[172] http://www.1und1.info/xml/order/VirtualServer

[173] http://www.hosteurope.de/produkte/Dedicated-Server

[174] http://www.hosteurope.de/produkte/Virtual-Server

[175] http://www.strato.de/server/dedicated/

[176] http://www.strato.de/server/virtual/v-power/

[177] http://www.ngs.ac.uk

[178] http://code.google.com/p/octopuscloud/

[179] http://aws.amazon.com/ec2-sla/

[180] http://aws.amazon.com/s3-sla/

[181] http://slashdot.org/faq/slashmeta.shtml#sm600

[182] http://www.oracle.com/us/products/servers-storage/solaris/index.html

[183] http://code.google.com/apis/storage/

[184] http://h18006.www1.hp.com/storage/

[185] http://www.subcloud.com

[186] http://www.sugarcrm.com

[187] http://ganglia.sourceforge.net

[188] http://cloudoctopus.appspot.com

[189] http://www.eucalyptus.com

[190] http://incubator.apache.org/tashi/

[191] http://www.pittsburgh.intel-research.net/projects/tashi/

[192] https://www.teragrid.org

[193] http://www.vmware.com/products/thinapp/

[194] http://www.nytimes.com

[195] http://tntdrive.com

[196] http://code.google.com/intl/en/apis/storage/docs/gsutil.html

[197] http://www.globus.org/toolkit/

[198] http://code.google.com/p/typhoonae/

[199] http://code.google.com/p/typica/

[200] http://www.vmware.com/products/vcloud/

[201] http://www.linux-kvm.org

[202] http://www.virtualbox.org

[203] http://www.vmware.com

[204] http://aws.amazon.com/vpc/

[205] http://www.vmware.com/products/vsphere/

[206] http://xen.org

[207] http://ylastic.com

[208] http://www.zimbra.com

[209] http://www.zimory.com

Index

AbiCloud, 30
Accounting, 114
Amazon Elastic MapReduce, 69
Amazon Web Services, 11, 23
    API-Tools, 96
    AWS Console, 93
    Bibliotheken, 45, 98
    Interaktion, 45, 98
amazon-ec2, 45
Andrew File System, 55
App Engine, 10, 19, 34, 101
    Authentifizierung, 29
    Authorisierung, 29
    Blobstore, 29, 76
    Datastore, 29, 76, 100
    Memcache, 29
    multithreaded, 29
    URL Fetch, 29
    XMPP, 29
AppScale, 19, 34, 101, 102
AWS::S3, 45

BitTorrent, 28, 44
boto, 31, 45, 73, 98
Browser-Erweiterungen, 92, 94

Ceph, 55–57, 59, 62, 65, 69, 71
    Chunk, 65
    Cluster Monitor, 57
    Metadata Server, 57
    Object Storage Device, 57

Cloud Computing, 15
    Öffentliche Cloud, 16–19, 88, 91, 92, 95, 101, 102
    Bibliotheken, 92
    Browser-Erweiterungen, 92, 94
    HPCaaS, 19, 32
    Hybride Cloud, 16, 17
    IaaS, 18, 19, 24, 30, 31, 33, 91, 102
    Kategorisierung, 18
    Kommandozeilenwerkzeuge, 92, 95
    Lock-in, 16, 17
    Organisatorische Typen, 16
    PaaS, 18, 98, 101, 109
    Private Cloud, 16–19, 30, 31, 33, 37, 42, 45, 88, 91, 101, 102, 104, 109, 110
    SaaS, 18, 92
    Software as a Service, 92
    Vorteile, 16
Cloud Desktop, 97
Cloud.com, 30
CloudStack, 30
ColdFusion, 45
CRUD, 13
Cumulus, 33, 76, 93, 95–97, 110
Cyberduck, 97

Dedizierte Server, 21
Diffuser, 70, 71
Django, 98

Dropbox, 28

EC2Dream, 97
Elastic Block Store, 24, 26, 27, 30, 31, 52, 105
   Snapshot, 27, 105
   Verfügbarkeitszone, 27, 50
   Volumen, 27, 50, 105
Elastic Compute Cloud, 19, 23, 24, 26, 30, 31, 44
   Öffentlicher DNS-Name, 26, 81
   Amazon Machine Image, 25
   EC2 Compute Unit, 25
   Elasische IP, 104
   Elastische IP, 26, 81
   Firewall-Regelwerk, 102
   Images, 104
   Instanzen, 25, 26, 104
   On-Demand Instanzen, 24
   Paid-Instances, 25
   Privater DNS-Name, 26, 81
   Regionen, 25
   Reservierten Instanzen, 24
   Schlüsselpaar, 25, 102
   Sicherheitsgruppe, 25
   Spot-Instanzen, 25
   Standorte, 25
   Verfügbarkeit, 26
   Verfügbarkeitszonen, 25, 102
Elastic Load Balancer, 99
Elastic MapReduce, 24
Elasticfox, 31, 94, 95
ElephantDrive, 28
Emulation, 9
Enomaly ECP, 30

Enomaly Elastic Computing Platform, 37
Euca2ools, 31, 96
Eucalyptus, 19, 30, 31, 34, 37, 45, 93–97
   Accounting, 114
   Cluster, 38
   Euca2ools, 31, 96
   Images, 43
   Infrastruktur, 38
   Instanztypen, 45
   Knoten, 39
   Leistungsaspekte, 45
   Meta-Scheduling, 38
   Monitoring, 114
   Node Controller, 44
   Scheduling, 38
   Schnittstellen, 31
   Speicherdienste, 30
   Storage Controller, 30, 38
   Walrus, 30, 38, 73, 76
Everything as a Service, 18
Ext3, 57

FlexiScale, 19
FreeBSD Jails, 11
Freenet, 21

Global File System, 55
GlusterFS, 55–57, 59, 62, 71
   Übersetzer, 57
   Chunk, 56
   Client, 57
   Datenpartition, 57
   Fragmentierung, 58
   Metadaten, 57
   Overhead, 62
   Redundanz, 57, 62

Server, 57
Stripe, 56
GoGrid, 19
Google Docs, 18
Google File System, 58
Google Storage, 28, 73, 76, 93, 95–97, 107
    Google Storage Manager, 93, 106
GPFS, 55
Grid Computing, 20, 21
    Globus Toolkit, 33
    Middleware, 33
    Sun Grid Engine, 33
    Virtuelle Organisation, 20
Groove, 21
GSUtil, 96

Hadoop, 69
HDFS, 55, 56, 58, 69
    Data-Nodes, 58
    Metadaten, 58
    Name-Nodes, 58
    Overhead, 58
Hochleistungsrechnen, 19, 88
HPCaaS, 19, 32
    Anwendungen, 19
    Netzwerklatenz, 19
HTTP-Methoden, 13
    DELETE, 13
    GET, 13
    HEAD, 13
    POST, 13, 76
    PUT, 13
Hybridfox, 94, 95
Hyper-V, 11

IaaS, 18, 19, 24, 30, 31, 33, 91, 102
IBM
    pSerie, 10
    zSerie, 10
Infrastrukturdienst, 18, 19, 24, 30, 31, 33, 91, 102
Instant Messaging Systeme, 21
Internet Service Provider, 11

Java, 29, 34, 45, 95, 96
Java Virtual Machine, 10
jets3t, 45
Jungle Disk, 28

KOALA, 93, 98
    Installation, 101
Kommandozeilenwerkzeuge, 92, 95
KVM, 11

Linux-VServer, 11
Lock-in, 16, 17
LUSTRE, 55

M/DB, 40
MapReduce, 69
Message Passing Interface, 88
Microsoft Office Live, 18
Monitoring, 114

NetCDP, 28
NFS, 59, 69, 71
    Overhead, 60
    Server, 59
    Single Point of Failure, 59
Nimbus, 19, 30, 33, 93–97, 110
    Cumulus, 76

OCFS2, 44, 52, 55
Octopus, 76
OpenECP, 30
OpenNebula, 19, 30, 31, 93, 95–97, 110

Images bereitstellen, 32
Knoten gruppieren, 32
virtuelle Cluster, 32
OpenVZ, 11
Overlaynetzwerke, 21

PaaS, 18, 98, 101, 109
Paketumlaufzeit, 86, 88
Parallels Workstation, 10
Peer-to-Peer, 21
Peers, 21
Plattformdienst, 18, 98, 101, 109
Portable Batch System, 33
PVFS2, 55, 56, 58, 59, 65, 71
Betriebsmodi, 58
Client, 65
Datensicherheit, 58
Overhead, 65
Server, 58
Spiegelung, 58
Python, 29, 31, 34, 71, 96

Rackspace Cloud, 19
rBuilder, 45
RDS, 24, 50
RightScale Gems, 45

s3cmd, 31, 96
s3curl, 31
S3Fox, 94, 95, 106
s3fs, 31
SAN, 31, 32
Simple Notification Service, 24
Simple Queue Service, 24
Simple Storage Service, 24, 26–28, 30, 31, 33, 76, 106
Access Control List, 28, 106

BitTorrent, 28
Bucket, 28, 106
Key, 27
Metadaten, 27
Namensraum, 28
REST, 28
SOAP, 28
Verfügbarkeit, 28
Webobjekt, 27
Zugriffsberechtigung, 28, 106
SimpleDB, 24, 40, 50
Software as a Service, 18
Software-Dienst, 18, 92
Solaris, 11
Speichernetzwerk, 55
SQL, 13
Storage Controller, 30
Sugar, 18

Tashi, 30
Tauschbörsen, 21
typhoonAE, 19, 34, 102
typica, 45

Verfügbarkeit, 27
Virtual PC, 10
Virtual Private Cloud, 24
VirtualBox, 10
Virtualisierung, 9
Anwendungsvirtualisierung, 10
Betriebssystemvirtualisierung, 11
Container, 11
Jails, 11
Netzwerkvirtualisierung, 12
Paravirtualisierung, 11
Partitionierung, 10
Speichervirtualisierung, 12

virtuelle Maschine, 9
Virtueller Maschinen-Monitor, 10
Vollständige Virtualisierung, 10
Virtuozzo, 11
VLAN, 12, 79
VMware
    ESX, 11
    Server, 10
    vCloud, 37
    vSphere, 37

Walrus, 30, 31, 33, 73, 76, 93, 95–97, 106, 107
Web-Services, 13, 15
    REST, 13
    SOAP, 13
Windows Azure, 19

XaaS, 18
Xen, 11, 34, 38
XFS, 57
XMPP, 29

Ylastic, 93, 102

Zend Framework, 45
Zimbra, 18
Zimory, 37
    Zimory Public Cloud, 19

i want morebooks!

Buy your books fast and straightforward online - at one of world's fastest growing online book stores! Environmentally sound due to Print-on-Demand technologies.

Buy your books online at
www.get-morebooks.com

Kaufen Sie Ihre Bücher schnell und unkompliziert online – auf einer der am schnellsten wachsenden Buchhandelsplattformen weltweit! Dank Print-On-Demand umwelt- und ressourcenschonend produziert.

Bücher schneller online kaufen
www.morebooks.de

VDM Verlagsservicegesellschaft mbH
Heinrich-Böcking-Str. 6-8   Telefon: +49 681 3720 174   info@vdm-vsg.de
D - 66121 Saarbrücken   Telefax: +49 681 3720 1749   www.vdm-vsg.de

Printed by Books on Demand GmbH, Norderstedt / Germany